當冬日來臨，我聽見花開的聲音

目錄

面對波折，請微笑！跳出倉鼠的生命迴圈

我們不能預料未來是福是禍，
只要不讓眼睛被淚水模糊，就能在轉角看見彩虹般的轉機！

李姿瑢

220

出版序

傾聽「樹」的歌唱

真如

在靜謐的樹林中，抬頭仰望著一棵棵樹，適時正有清風徐徐拂來，似乎所有的樹葉都在沙沙振響，那一刻的心湖明靜而柔軟，好像要對藍天輕語著什麼……

陽光，正把它的熱情和光明，透過葉子灑下來，每一片葉子的形狀、葉脈、都在碧藍的陪襯下清晰呈現。我不禁常常驚歎是怎樣的神祕之手，雕刻了這精彩紛呈的美麗。每一棵樹都那般風姿獨具，幾多蓬勃，幾許可人。可是它們在大片的森林裡，有幾人能走近欣賞觀看，那每一片樹葉在風中雨中繁華與凋零，陽光月下怒吼與淺唱。看那楓樹，在北國寒意漸濃之時，正是它們盡顯生命的璀璨之際。每每值此，欲將珍貴美景寄與天下人共享。

每個人生命中，最細緻、最燦爛的那個部份，也許只有他自己，或是跟他親近的人才知道。他們，就像一棵樹，蒼勁地散發堅強的氣息。他們在受傷之後，森林悄悄收藏了他們的哀哭與無奈，他們努力地尋覓著生存的堅韌之力，經歷多少頑強的內心之戰，終於小心翼翼地把傷痕復原，從再次地枝繁葉茂到令人驚歎！他們迎接了生命的大風暴，在幾度摧殘中毅然璀璨綻放！像一棵樹般，他們謙虛地對整個森林釋放著愛與奉獻的信息，以個體生命的強悍溫熱著整體。

一棵桂花樹的淡淡清香，也許會觸碰到你靈魂深處的甜美的寧靜。

究竟，他們曾經歷怎樣的風霜雨雪？那美麗的深藏於年輪中的精彩記憶，在何樣的陽光下開始優美昇華？在怎樣的鏡湖中看清了自己的模樣？是什麼喚醒了他們心中的巨人之力，將沉睡的荒原，開放為直到天際的鬱鬱森林與燦燦樹花？

有人願傾聽這每一棵樹的哭聲與吟唱嗎？

我真摯地邀請所有的人，和我一起凝視這些精彩的心吧！這些在苦痛中掙扎著，終於開出燦爛心花的勇敢的人們，他們動人的身影，就和你我一樣，行進在這個世上。可能，讀這本書，就像人生中的一次深情回眸。注視到了那個和我一起經歷過人世的風雨、經歷過人世災難洗禮的同伴，他是如何精彩地活著，而他的精彩，到底有怎樣細緻的輪廓、顏色、形狀？這精彩是如何發生的？親愛的讀者，你不想欣賞嗎？

就像我看到的一樹美景，在很多年前，有了一種想把它獻給大家的心情。它，終於出現了。所以，為這些精彩的心隨喜，並加油吧！也為你自己的美麗、為你自己的勇悍、為你自己的不屈，為你自己的善良喝采吧！

因為我們同行！

寫在二〇一八年，亮點書系開啟時

推薦序一

花若盛開，蝴蝶自來

姚立德
（考試院考試委員）

除夕開始了短暫的年假，一整年緊湊而繁忙的工作，有一個稍長一點的休息，身心整個放鬆，下午泡一杯茶，以輕鬆的心情，細細讀起福智文化要我寫推薦序的新書初稿。《當冬日來臨，我聽見花開的聲音》，乍看之下，覺得好奇怪的書名，但是看完第一篇文章我就了解取這個書名的原因。這本書以八個真實故事，讓讀者了解當八個主角面對生命的冬天，以他們接觸佛學後的感悟，如何迎接生命的春天，終而聽見自己生命之花在春天綻放的聲音。花開有聲音嗎？是的，如果我們用心去聆聽，聲聲都是生命成長美妙的樂章。

八個故事的主角，就像你我身邊的朋友，更像我們自己，他們的故事，用病人、母親、人子（女）、老闆、員工、老師的角度娓娓道來，沒有驚心動魄、峰迴路轉的小說情節，但是有一道道感人的生命刻劃痕跡，這些痕跡和你我成長的軌跡有太多相似的地方，值得我們用心閱讀、細細體會。八個主角中，紹萱身為唐氏兒的母親，訴說她勇敢接受挑戰的過程，以及對無限生命的體悟。豐傓分享牢記年少時爺爺鼓勵下的奮鬥人生，回首對雙親孝思的悔悟。李驥訴說著年少得志後由空虛回歸真實自我的過程。莉凌回顧對愛酗酒的父親，由觀功念恩的一念之始，澎湃孝思的轉念過程。秀娟分享一個求好心切的母親，如何卸下攀比的心防，對兒子擁抱以尊重與包容的過程。義仁做為一個公司負責人，分享他建構幸福企業無怨無悔的心路歷程，以及歷經經營困境，仍然堅持視員工如家人的善念堅持。姿瑢以一個在職場上力爭上游的員工身分，訴說大病之後對心靈寧靜與富足的覺悟。朝與以大學電機系教授角度，現身說法分享如何以謙卑的心，走進學生的心的心路歷程。

這八個「歷逆境、悟人生」的故事，為大乘佛法鼓勵我們「歷事練心」做最好的註解。

就如同堅強母親——紹萱的體會，無限生命的過程中，每一個逆境都是我們的恩遇，給我們學習與練就無限力量的機會。以觀功念恩的心做好課前準備，勇敢面對每一道生命學習的課題。當逆境過後，聽見自己生命之花第一聲開花的聲音，也會聽見週遭親人及朋友們花開的聲音，然後更會聽見自己後續一朵朵盛開的生命之花，開花後的美妙聲音所譜出的生命樂章。我始終相信：「花若盛開，蝴蝶自來。人若精彩，天自安排。」

推薦序二

喝采一本智者、勇者生命饗宴的好書

林聰明

（南華大學校長）

「生命教育」近年已成國內顯學，著述汗牛充棟，本書堪稱浩瀚生命教育領域書海中之上選；沒刻板教條、無深奧理論，書中八個用心扭轉生命的故事是平民化的、是生活化的，讀者可以輕易捧讀而融入、領悟、感動，輕鬆享受它荒漠甘泉、醍醐灌頂之妙。

智者懂得學習、省思，勇者知所改變，「一句平淡無奇法語，翻轉風雨震撼人生」此為本書寫照。人生歷程難免遭逢生死交關、貧病交加、橫逆交雜困境，書中八位主角描繪其從一句平淡無奇的法語中，領悟到如何透過不斷的學習、省思、改變，逐步增長面對生命歷程的智慧與勇氣，將該人生逆境幻化為功恩交陳、交融之生命轉捩點。故事情節生動化、內容生活化、寓意生命化。

生命歷程常須經一連串的學習、淬鍊，始足以確認自己的人生方向、清楚生命中應該努力追求的是什麼、懂得在最關鍵時刻轉念。人世間每個人都有他獨特的大小故事，故事發展過程中主角的想法、堅持、外鑠力量，決定了故事的內容、發展、結局，倘若懂得藉由外鑠力量導向正念善念、扭轉劣勢，厥為生命歷程中可遇、可求的機緣。

日常師父被譽為其「世間第一等人是出家人」庭訓之典範，一生持戒嚴謹，高瞻遠矚而戮力推廣德育，諸如弘傳《菩提道次第廣論》、推動生命教育成長營隊、住持聖教、創辦福智團體及開展各項福智法人事業，而在社會各層面產生既廣且深之正面迴響，風行草偃、移風易俗，貢獻社稷、佛教志業、信眾厥偉。本人除受惠日常師父諸多耳提面命、敬仰日常師父一生崇高風範之餘，生活上服膺「環境永續與心靈環保」、校務推動上秉持「以生命力帶動生命力、以學習力提升就業力」讓生命教育橫向拓展、縱向扎根，頗多理念傳承自日常師父，是以對日常師父感念頗深，今拜讀《當冬日來臨，我聽見花開的聲音》專書，更讚嘆日常師父的福澤普天眾生之功。

寧靜的心靈是最大的快樂、感恩的態度是最大的富足、利他的人生是最大的幸福，期待因福智事業群的用心、勤耕，讓社會充滿寧靜、感恩、利他氛圍，且持續為每個生命透露導引的光芒。除謹贅數語推薦本書外，也以本人所踐履的「如果尚能做事，一定要做好事；如果尚能言語，一定要說好話；如果尚能思考，一定要存好心」生命態度，與讀者、同修共勉。

推薦序三

用真實生命譜寫，值得再三閱讀的好書

潘維大

（東吳大學校長）

《當冬日來臨，我聽見花開的聲音》這一本書是值得讀者讀兩三遍以上的。就每一個生命而言，乍看之下都是平等的，但事實上卻有很多的不同。比方說有人天生好命，家財萬貫，衣食無缺；有人三餐不濟，流落街頭；有人天賦異稟，過目不忘；有人卻連簡單的理解及記憶能力都非常的困難。

這八個生命的故事在看第一遍時，你可能會充滿同情與感佩，感佩每個生命都能在艱困中尋找自己的出路。但當你看第二遍時，你可能發現的不僅僅是同情與感佩而已，你將會更了解他們之所以能掙脫生命與心靈的枷鎖的關鍵，最重要的是態度；是一種如何面對自己的人生，如何面對苦痛的堅毅態度。

但如果你可以讀第三遍時，你將會發現你似乎多活了八輩子，體驗了八種人生，你將可以從同情進入同理，從同理進而設身處地和主角轉換。你可以想像如果你是當事人，在這樣子的生命過程中，將如何去解決生命的難題。

每一個故事都是用生命寫出來的，也期待所有讀者能經由這本書，再次的認識自我，反省自我，創造自己生命的輝煌。

推薦序四

當你先伸出手時，幸福已隨之而到

紀潔芳
（彰化師範大學技術及職業教育學院商業教育學系退休教授）

春暖花開的春節假期，《當冬日來臨，我聽見花開的聲音》書稿一直陪伴著我，這是八位福智朋友的生命故事，開卷閱讀，有感動、有嘆息、有驚喜、有觸動、隨文又笑又哭，讀之再三，深受感動，在修持上亦多有啟發，感動之餘願將心得分享。

在八個故事中，屬於師生相處的故事一則、上司與部屬的故事三則、親子相處的故事有四則。通常親子和樂相處是很不容易的事情，家人愛之深，不免管之嚴、責之切，而且言語來回中，不太注意到分寸，甚至太熟悉，也忽略了對方的感受，在破壞性情緒中，把對方傷得越深越痛快。四個個案，雖然出發點都是愛，但觀點不合、方法錯誤，都產生了傷害。父母親沒有不愛孩子，但愛分感性的愛及智慧型的愛，所謂感性的愛是一廂情願以自己的方式去愛家人，忽略契合性。所謂智慧型的愛是考量到家人的個性、真正的需要及切合的方式，不但關心現在還要關心未來、不但關心表面還要關心實質，更重要是能夠和諧快樂。

在莉凌的個案中，因為莉凌父親言語粗俗及愛喝酒常惹事，讓莉凌感到很丟臉，父女相處有如仇人，甚至當著外人面前和父親吵架翻臉。一直到四十歲以後，生命才露出一線曙光，在成長營中第一項功課是「在紙上寫出爸爸的優點」，可是莉凌想到的都是爸爸的缺點，一而再、再而三竭力思考父親的優點……記憶的越來越大，事情越看越清楚，原來父親缺點的背後，都有他形成的痛楚，想到這，憐惜都來不及，怎能抱怨呢？心動帶起了言語互動及行動，開始說關懷的話及對父親身心的關心……莉凌說「遲了四十年，終於能和父親表達最真實的情緒，還好我踏出了第一步。」

豐傷的家很有錢，但被父親賭大家樂全輸光了，還勸祖父變賣土地再去賭，弄得傾家蕩產，從富二代變成負二代。因此，豐傷從小學六年級就過著三餐不繼、顛沛流離的生活，並受盡輕視。於是下定決心，不讓別人欺負家人，但僅止於祖父祖母，而對父親還是恨之入骨。當豐傷結婚後，第一個孩子誕生，他對自己說「我絕不讓太太跟小孩過我以前的苦日子。」他三十四歲時果真不只五子登科，存款還超過八位數，當一切豐足時，最疼他的岳母突然去世，讓豐傷思索到：人生的意義是什麼？此時，豐傷在一個生命成長營中找到了內心真正的清醒，了解再多的錢也不能彌補心裏的缺憾，豐傷便開始行動……。原本，他說：「蔡家的祖先我只拜到爺爺奶奶」。但在一個關鍵的轉念之後，他卻改變了他與父親的親子關係，化解了仇恨，甚至爸爸流下眼淚問他：「你為什麼對我那麼好？」

秀娟和孩子成長的故事也很令人感動，剖析自己是件很痛苦的事情，秀娟說「兒子從小到大，她都是用一廂情願的方法來愛孩子，完全忽略了孩子心中所想的、所喜歡的、所願意從事的工作，一直用自以為是的方法來支使孩子，孩子真正想要什麼她都不知道，批評孩子所作所為，在孩子朋友面前丟孩子的臉」，後來，她才摸到幸福的鑰匙，果然達到溫和溝通的效果，孩子回家次數增加了，冰牆漸漸融化了。

在師生共處的個案中，王朝興老師正努力成為電機專業與生命教育之間的半導體。很難想像一個理工科的學者，能將生命教育教得那麼柔軟，能將生命教育融入在電機專業中是很不容易的事，要當經師也很不容易，要當人師更難，但王老師做到了，他不但是言教還是身教，用生命去感動生命，去傾聽孩子的心聲，德瑞莎修女曾說「要在別人需要的地方看見自己的責任」，王老師做到了！他經過長久的深思熟慮，把學生比喻為椰子，你知道為什麼嗎？請看內文，王老師有非常幽默、貼切的比喻。

姿瑢的故事是講企業中部屬與上司的相處，姿瑢在企業機構服務的成績很不錯，但是沒有人知道她背後所承受的壓力、挫折及創傷，面對總經理要好心切，造成內心壓力重重，姿瑢雖然辭掉了工作，但午夜夢迴，還是如驚弓之鳥，無限的恐懼及委屈還是常湧上心頭，幸虧接觸到生命成長營，讓她突破了內心的障礙。在一次一次不間斷的練習，姿瑢終於不再像小倉鼠一樣，老在原地跑步，而能突破、創新、成長。然而故事並沒有在此結束，姿瑢最不幸的是二〇一六年九月罹患舌癌，但她並不因此而放棄……生病的人最怕的是封閉、自我想像的憂鬱心情，更怕的是心理比身體先撐不下去，而將心先放棄了。

紹萱的故事也很鼓舞大家，紹萱娓娓道來她克服憂鬱症的經過，她生育、養育唐氏症女兒的點點滴滴，她在福智團體最受用的是每次有困擾時，就深入去探討害怕什麼、有什麼克服不了的嗎？當我們走進困難中去洞察一切時，好像也沒有那麼困難，當你不怕困難的時候，困難就怕你。只要你願意，難關是可以突破的、生命是可以改變的。

鄭義仁的故事是討論老闆跟部屬的相處，義仁在福智成長營中聽到「觀功念恩、代人著想」這句話時非常高興，因為這就是化解爭執的方法。營隊結束回到公司立刻跟同事分享營隊的收穫，但是碰到很多挫折。他也在公司辦心靈成長講座，但都不如法，每位同事都被他逼得苦不堪言，後來才深深體悟到要改變他人前，先改變自己。

一個人如果想轉業的話，要看看李驥的故事，人生最重要的是找回最真實的自己。當李驥聽到日常老和尚的一句話「勿以善小而不為，勿以惡小而為之」，被這句話震撼了。原本在日常生活中，常常會考慮所作所為是不是為自己而活，總想著如何贏過別人、從別人身上得到我想要的東西、我要站得比別人高……修心後，在日常生活中，無論是走路都會注意到自己的心念，深思：我為什麼在這裡、這是我終極要去的地方嗎？也開始反省自己個性上的缺失，很多事情要在還來得及的時候去做，特別是對家人的愛。

綜觀這八位福智朋友的故事會如此感人，主要是真人真事，最重要的是他們在生命困頓時碰到了貴人，而且能福至心靈，死心塌地，「觀功念恩」，一次不成，耐心再做，終於看到效果；又八位朋友都非常至誠懇切、細膩詳盡談自己成長的心路歷程，有方法、有步驟，所以有血有淚、感人至深。

通常雙方有爭執、交惡時，誰都不願意先低頭，還自言自語「明明是他不對，為什麼我要先道歉」或「他不先開口，為什麼我要先低頭」……，但你能平心靜氣、大度大量，先伸出友誼之手時，幸福已隨之而到。先開口、先伸手，更能表現你的風範氣度及掌握幸福的鑰匙，何樂不為！切記，當你先伸手時，幸福之門已經打開了！

推薦序五

行經幽谷，從內心中尋找轉折的力量

陳藹玲（富邦文教基金會的執行董事）

這是個喧鬧的世界，這是個浮誇的世界。

當大家都在向外尋求快樂、成就、找尋所有問題的解答的時候，卻忽略了平安自在我們心中。

從小，我們只被教導如何追求成功，卻沒有人告訴我們要如何面對挫折失敗。

然而世上充滿了逆境、挑戰、疾病、不公……，即便是人生勝利組也要面對生老病死，也總有不如意。當此之時，如何面對、如何調適？有人說，人生不如意事十常八九，常記一二就好。確實，有些人經過挫折失敗仍能站起來，甚至更加堅強，但也有些人從此一蹶不振啊！是什麼原因造成這樣不同的結果？

「無恃其不來，恃吾有以待也。」孫子兵法的道理，用在挫折之於人生上也說得通。

這本書集結了許多真實感人的故事，每個故事的主人翁都曾經歷生命的幽谷低潮，所幸找到轉折的力量，為自己和身邊的人帶來迥異的人生。感恩他們的現身說法，相信讀者們一定可以從中得到啟示，為自己找到扭轉命運的關鍵。

推薦序六

最難的，是改變自己

侯文詠

（作家）

書裡面這些故事被說出來的場合，幾乎都是在心靈成長營的座談會上。大部分的時候，講者名字對聽眾而言是完全陌生的。在主持人簡單介紹之後，講者帶著幾分怯澀走上台，然後就開始他們各自生命經驗的分享了。

看得出來，每個講者對於上台是慎重其事的。儘管在上台前，他們各自都已經認真地做了多次習講以及演練，但從演說的技巧、節奏的掌握，你可以感覺得到，講說並不是他們熟悉的事情。講者來自各行各業，故事清一色是講者自己第一手的生命經驗。節奏簡單而明快，他們原來是怎麼樣的人，遭遇了怎麼樣的困難，這個困難如何困住了他們的人生，他們又如何在一次又一次的掙扎中遇見了什麼樣的人，又靠著什麼樣的想法，找到了從困境走出來的路……或許少了專業的修辭、技巧，甚至是演說時應有的抑揚頓挫，簡單的平鋪直敘裏，透著一種不能再更真實的肌理。故事說著說著，生澀的感覺消失了，人與人之間因為陌生而產生的界限也消失了。現場的氣氛素樸而純淨，聲音緊貼著講者與聽眾內心深處一路娓娓道來。

故事繼續往高潮推進，淚水、哭聲齊飛的場面是常有的事。多半的時候，講到哽咽處，主持人會善意遞過來一張面紙給講者擦淚。一時之間，演說暫時停下來了，台下觀眾各自拿出面紙擦淚。沒有冷場的焦慮，也沒有尷尬。所有人都壓低了聲音，現場沉浸在一片靜謐中。

怎麼會變成這樣呢？對許多聽眾來說，痛哭流涕是連自己在故事開始之時，想都想不到的。

思緒在現場紛飛，儘管看不見，卻感受得到。

有種說不出來的力量，讓原先在現實世界裡面那個汲汲營營、慌慌張張的節奏，暫時有機會停了下來。停下來真的很好。只有停下來的時候，我們才感受得到那個最柔軟的自己。

我第一次聽見「觀功念恩」這四個字，就是在這樣的場合。收錄在這本書中的故事中許多簡單卻影響深遠的觀念——包括「觀功念恩」在內，主要都來自這些生命成長營隊的創辦人日常老和尚。老和尚從佛教經典中所擷取的智慧——儘管思維來自宗教，但這些智慧的運用，卻是開放性的，因此，聽眾來自各行各業，各自有著不同的宗教信仰背景。

顧名思義，「觀功念恩」是要時常觀察別人的功，感念別人對我的恩。與這四個字相對的。還有另外兩種不同的態度。一個是完全相反的「觀過念怨」，另一個是事不關己的「觀光念閒」。

講授課程的老師在現場做了一個調查。他問聽眾，自己偏向哪一種態度？那次的調查的結果，人數由多至少，分別是：「觀光念閒」，「觀過念怨」，「觀功念恩」。反過來，當問題變成：你希望別人怎麼對待你時？調查的結果，大家最希望的首選永遠是「觀功念恩」。

簡單的調查，我在不同的課堂上見過好幾次，結果幾乎都差不多。這樣的結果固然不算意外。但是這個不算意外的結果，卻讓我們看見了人際關係之間，最大的弔詭與盲點。試想，如果我們對待別人的方式，與我們期待從別人那裡得到的正好完全相反，人與人之間的關係怎麼可能幸福圓滿呢？

誠如心理學者阿德勒說的：「所有的煩惱，都是人際關係的煩惱。」如果從這個角度，進一步推論，所有的煩惱，也都跟這個「人我之間相互觀待」的盲點息息相關。

因此，「觀功念恩」這個思維具體地指出：人與人之間關係的改善——或者是生命的幸福追求，必須從自身的改變做起。

怎麼改變呢？過去我們習慣看見別人的缺點，抱怨別人的愚蠢，現在開始學著看見別人的優點，讚揚別人的好處，誠心向別人學習。

過去習慣責怪別人給我們帶來不便、為我們製造問題，現在開始看見別人給我帶來的好處。進一步感激別人，努力回報別人。

舉例來說：上了一天課回到家裡。吃到媽媽煮的菜口味不對，不悅的心情油然而生——一有這樣的想法，不管是臉上的表情或者說出來的話，一定都是觀過、抱怨的。但換個角度，如果心態改變，觀察到的是這個過程中，媽媽為了我付出時間、心血，任勞任怨。這麼一想，心中感恩之情立刻油然而生。甚至，忍不住關心媽媽，是不是身體出現了什麼狀況，否則怎麼會忘了放鹽巴？同樣的情境，心中念頭不同，我們呈現的態度不同，得到的結果自然也就完全不同。

正因為人與人之間的關係是相互觀待的。因此，一旦我們能掌握「觀功念恩」的思維，並且主動去實踐，久而久之，相對的一方也會改變。當生活周遭充滿相互觀功念恩的關係，生命會得到更多的快樂與滿足。

聽起來邏輯上清楚明白，做起來好像也不困難的方法，回到現實生活去實踐，問題通通都來了。

有人回饋：「我一想到那個人就很氣。除了生氣之外，實在想不到別的了。」也有人表示：「如果無論我怎麼想，都想不到對方有什麼優點？對我有什麼恩情、功德呢？」

或者，做了幾天，氣餒了。「為什麼都是我在觀功念恩，對方都不觀功念恩呢？」甚至，退卻之心油然而生。「有些人就是需要得到教訓才會學乖。你用觀功念恩那套對付他，只會讓他得寸進尺、軟土深掘。」

看似簡單的思維，落實到日常生活中，其實一點也不簡單。

平時頭頭是道的「觀功念恩」，真正碰到困難的境界或者自己討厭的對象時，通通又打回原形了。原來──必須對方先滿足我們的需求，我們才會給予所謂「公平」的回報。

仔細追究，這些反應，最後都回到一個很根本的主題──我們以「自我為中心」的習性，堅固、冥頑的程度遠超過我們自己的想像。

學過游泳的人應該都有類似的經驗，不管你在教室學了多少理論、看了多少影片，做了多少分解動作，真正要學會游泳，恐怕還是得跳入水中反覆練習。而一而再、再而三的重複練習中，最難征服的敵人，說到底，原來還是我們自己的慣性。

游泳如此。生命的痛苦與快樂——回到「觀功念恩」這個簡單的觀念，更是如此。明明想追求快樂，卻總是用著招致痛苦的方式來面對。明明知道必須這樣做才會得到快樂，在關鍵的時刻，卻被慣性中一股莫名奇妙的力量驅使，又做出了那樣的事……

這個調伏自己、改變自己的關鍵，也正是日常老和尚所提出來的這些觀念，最重要的核心了。他在《菩提道次第廣論》的教授裏，不厭其煩地一再地強調，生命的快樂、圓滿——一切基礎，來自調伏自己的內心，改變自己錯誤的習慣。少了這個，任何修行都只是空話。

道理是簡單的，但實踐的過程卻是曲曲折折的。但或許正因為這些曲曲折折說穿了我們的心事，因此，讓我們感觸特別深。

生命的旅途中，每個人各自的盲點以及需要學習的功課都不同。我們做來輕鬆容易的事，別人可能撞得頭破血流。同樣的，別人一帆風順的旅程，我們走來也可能崎嶇坎坷。但無論如何，當我們在別人的故事中流著自己的眼淚時，我們感受到的，或許是講者、是我們自己的生命；更可能的，是人類一而再、再而三不斷重複的困境。

或許正是那樣的靜謐的時刻，有種說不出來的莊嚴。

在那樣莊嚴的氣氛底下，我們看見了相信、堅持，看見了勇氣與努力，更看見了一種生命中新的高度，或者是一個完全不同的自己的可能。

靜謐的時刻通常只是一下下，很快的，台上的敘述又恢復了。沒有什麼可以擋住時間的洪流，所有的故事——不管是我們自己的，或者別人的，又繼續進行下去。

儘管如此，但在那個心與心的交會中，你知道有些事情已經變得不太一樣了。

孩子，謝謝你！為我來到這世界

盧紹萱

如果解決了人生中的每一個困難，心靈才會有所提升，
我為什麼要這麼害怕面對困難呢？

我跟先生都是高中畢業後就去美國學習，從讀書、工作到結婚，一路都非常順利。我在美國Loma Linda Medical school做口腔衛生師實習，隨後又在「南加大」修習教育課程。在朋友眼中，我們看似一帆風順，好像也實現了我們的美國夢。可是在光鮮亮麗的富裕物質生活下，我的內心其實有著不為人知的秘密。

跨不出門的悲傷

我在十幾歲時就非常不快樂，那時還不知道那叫憂鬱症。這個問題在美國讀書時持續困擾我，所以我的學習一直是斷斷續續的。我的狀況越變越嚴重，到後來根本連出門都沒有辦法。當時的男朋友——也就是我現在的先生建議我在家裡休息，不要出門。畢業之後結了婚，先生在矽谷找到了工作。但我的病情卻繼續惡化，每天都掙扎著日子怎麼過下去。先生前腳出門，我就盯著那道門，後腳就想出去——我想什麼都不帶，就這樣走出去，消失在這個社會，餓死、病死街頭都好。總之，我就想消失在這個世界，不想再帶給先生負擔。

當時唯一沒有消失的理由是我先生。我忍不住會想：我走了之後他怎麼辦？他會不會對自己自責？他要怎麼面對全然不知道我有憂鬱症的台灣家人？這樣想時，我又決定回頭面對自己痛苦的生命，繼續掙扎。

千禧年（西元二〇〇〇年）到來，公司、團體、學校乃至於身邊的親朋好友，對於這個新世紀的來臨，每個人都有極大的期待，大家都在慶祝著。**每個人都有自己的人生規劃，唯獨在世界角落的我，連門都走不出去。**

那個時候，我暗暗地寫下了我未來十年的四個願望：

第一個願望是能夠走出去跟人說話、溝通。

第二個願望是能有兩個小孩。

第三個願望是有自己的興趣。

第四個願望是跟先生有共同的興趣。

看著這個計畫我覺得既諷刺又悲哀……，出去跟人說話是多麼簡單的一件事情，可是對當時的我來說，竟比登天還要難。

原來，連結束自己的生命都失去了權利……

我的病時好時壞，後來有了大女兒，在她五歲那一年，想毀滅自己的念頭又再次現起，越來越強烈，但我沒告訴任何人。有個週末，先生說：「我們一起開車出去晃一晃吧！」其實他的目的只是希望我出門，那怕只是坐在車子裡也好。我答應他，坐上了車。

先生把汽車開到家裡附近的一個水庫——那是大家常去走路散步的地方。我下了車，站在湖邊。看著水庫，我忽然覺得水好清好清，水裡的草好長好長，隨著水波搖啊搖地。看著看著，我忽然有種非常想要解脫的感覺，我告訴我自己：

「就是這裡，我找到了，這裡就是解決我自己的地方。」

正當我深陷自己思緒時，身後突然傳來女兒的聲音：「媽媽！」

我一回頭，就看見女兒對著我微笑。好久沒跟我一起出門了，她高興地叫著我。

在那一刻，一種無可言喻、又無可逃脫的痛苦油然而生——我不是沒有奮鬥過，我奮鬥過了，但我忽然理解到，原來我連選擇解決自己生命的權利都沒有。

隨著女兒越來越大，我越來越覺得不能再把孩子放在家裡，我下定決心，自己必須走出去。我帶女兒去上中文學校，並且主動表示願意擔任班上的家長代表。家長代表必須是老師和家長們之間的橋梁。對我來說，這樣的工作非常困難，可是為了孩子，我還是硬著頭皮去做了。

生命是一趟學習之旅，透由學習我們會明瞭自己生命的方向，究竟該追求什麼？

曙光的背後原來還有雷雨

在學校的家長群裡，我認識了一個朋友，介紹我去參加一個心靈成長方面的研討班。去了幾次，我注意到在那裡的人，從眼神到動作，都透露出一種對生命尊重的態度。每次針對我提出的問題，他們不但認真的回答，也散發出一種經過思考而透徹了解的篤定感。在這樣的團體中，讓我感到十分自在，慢慢地就靜下心來，開始用心地上研討班的課程。

我在那裡第一次聽到了日常老和尚這個人以及他的開示。漸漸地，我發現，用日常老和尚說的方法，竟然能夠解決很多我生活上的困難。儘管還沒能完全解決憂鬱症的問題，可是研討班上著上著，我發現我的不快樂越來越少，出門也變得不太困難。我甚至期待每個禮拜去上課。

我有一種奇妙的感覺，生命似乎開始為我透出一點點的希望和光。

我先生很好奇，十幾年來不快樂的人為什麼會開始有笑容？因為想看看我到底都在學什麼，所以他跟我一樣開始參加研討班。因為參加了研討班，他自己也把一些概念用在自己身上、用在工作上，得到了一些好的成果。看到家人也跟我一樣變得越來越快樂，我覺得自己好幸運。當時我一直以為，我們一家從此會過著這樣的幸福生活。一年半之後，我的第二個小孩來報到了。

幾個月之後，當醫院打來告訴我羊膜穿刺的結果時，我還陶醉在之前那個幸福生活的憧憬裏，沒想到醫院卻告訴我：「肚子裡的胎兒是唐氏症寶寶。」這個消息對我來說宛如晴天霹靂。

我不明白，漆暗的生命好不容易透出一絲薄光，為什麼我現在又要去面對唐氏症的一生？

我覺得非常不公平，為什麼不快樂的事都會落到我的身上？

我好不容易才從深淵走出來，老天為什麼這樣對待我？

我不曉得該怎麼辦才好。

我好害怕。

我恐懼的到底是什麼？

在接到醫院的電話之前，我本來是預定去參加一場法會的。當時心情雖然很低落，但想到每次去上課總會得到一些心靈的充實與美好的感覺，我還是決定去了。法會裡，我聽到日常老和尚說的一句話，突然間，就像光明的箭，射了進來似地，照亮了我陰暗的心。

老和尚說：「我相信你們在座每一位在家人，你們要走上去，一步一步都要經過這一關⋯⋯」就是這一句話，突然間讓我開竅了。

聽到日常老和尚這句話，我開始問我自己：我到底在害怕什麼？我在恐懼什麼？

原來，我害怕的是……要面對唐氏症的一生，我要為她這一生付出。我害怕的是：我這一生都要面對這件事。

過去我在研討班的《菩提道次第廣論》裡面學到：生命並非這一生死了就消失，心靈是能跨越肉體繼續延續下去的。如果從這個無限生命的觀點來看，日常老和尚說的這「一關」，無非只是「無限生命」裡面的一關而已。

生命難免遭遇困難，如果必須面對、解決每一次遭遇的困難，心靈才能有所提升的話，為什麼這一次我會這麼害怕、這麼緊張？

如果它是我生命裡面的一關，只是我無限生命裡面「一關一關的一關」的話，可以跨過去的我，為什麼不能跨過去？

正因為每一次在無限生命裡面，只要一跨過那個困難點，一走過去以後就往上跨一步，所以無限生命裡面你可以往上走很多步。因為生命是無限的，你可以透過一次一次往上跨，一次一次的學習，讓自己的生命變得

理解了女兒的不容易，我才懂得要把自己當成她，
用她的角度和高度去了解她所經歷的一切。

更美好、更圓滿。

無限生命帶來的無限力量

因此——換個角度想，我給自己下了一個結論——無限生命就有了無限希望。如果這個小孩是來幫助我，讓我的生命再更向上跨一步，我問自己：我在擔心什麼？我在怕什麼？這樣想時，我發現我可以坦然地面對肚中已六個月的寶寶，世界對我而言忽然變得寬闊起來了。

唐氏症寶寶一出生往往會有心臟、甲狀腺等問題，漸漸長大，很多人也會發生糖尿病的問題，有些人嚴重、有些人較輕微，情況因人而異。我的第二個女兒娜娜一生下來就被發現不但心臟瓣膜畸形，心臟還有三個洞，因此兩個月大時就必須進開刀房進行心臟手術。

那之後，進出加護病房幾乎是家常便飯。不時，我們也會從醫師護士

那裡聽到許多不好的消息：諸如測不到聽力——這代表她以後是失聰的；因為手術的關係，聲帶神經受損了——這代表以後她沒有聲音，也不能說話了。唐氏症的小朋友缺乏肌肉協調的能力，沒有經過訓練的話，全身肌肉其實是軟趴趴的。帶娜娜回家時，我感覺她就像一塊肉躺在那邊，頭部不會轉、聽不見、也發不出聲音，連眼睛都不會動，只能朝一個方向看。

我下定決心訓練她，從抬頭、從坐到站，我和先生及懂事的大女兒一起帶著娜娜，一塊肌肉、一塊肌肉地復健起來。就這樣，一直做到了兩歲，她終於能站起來了。

娜娜兩歲的時候，有一天我先生從外面回來，風很大，關門的時候「碰」的一聲。我的女兒頭往後一回，當時我們全家都沒有感覺，我大女兒看到娜娜回頭，輕輕地對我說：「媽媽，她回頭了！她回頭了！」

平時，不管她有聽到還是沒聽到，我們都全然地接受她。但大女兒的提醒，讓我們警覺到——她聽見了。

三歲的時候，奇蹟似的，她的聲帶居然開始會發出聲音。雖然非常低，但是對我們來講那真是不能再美好的聲音。現在她可以說話也聽得到聲音。

這個過程，雖然描述起來不長，可是卻要花上非常大的心力、時間與耐力。儘管是一個不能說話、不能聽、復健路漫漫看不到盡頭的唐氏症寶寶，但因為全家人的齊心努力，卻讓所有不可能發生的奇蹟都發生了！這樣的奇蹟，如果沒有我先生的全力協助，以及才大娜娜七歲卻完全不爭寵、懂事貼心的大女兒給予我實質與心靈上的助力，光靠我一個人是無法辦到的。

關關難過我們關關過，我們就這樣靠著愛的力量，一步一步地走了過來。

難道，唐氏兒就要這樣過了一生？

娜娜的健康漸漸有了一些基礎之後，我開始注意到她的教育問題。

有一天，帶著娜娜在路上散步，我在路上發現兩三位的專業人員帶著一群二、三十歲的老唐寶寶過馬路。其中有一個也是二、三十歲的唐寶寶發了一張傳單給我。我開心地接下傳單後，看了一眼。我注意到傳單已經過期了，理解到他們只是在打發時間，做一些並沒有實質意義的事情，這令我感到非常驚訝。

雖然，在美國有非常好的社會福利，他們可以養她一輩子，可以不用擔心。她的美國學校裡面，硬體設備非常的好。什麼都有，有八個學生，四個老師。小朋友想畫畫就可以畫畫，她想玩玩具就可以玩玩具，老師還會帶他們唱歌跳舞，每天就是去晃三個小時。

生命並非這一生死了就消失，心靈是能跨越肉體繼續延續的，
眼前的困境只是「無限生命」裡的小事而已。

整個社會可以養她到終身，但我開始在想：難道娜娜就要這樣過她的一生嗎？

對我來講，當初我生下她、我接受她時的目標、目的不是這樣。

從無限生命的角度，我希望我們兩個人這一生可以一起成長、一起學習、一起克服難關，走向不一樣的人生，乃至於下一生，甚至無限生命。

過去，我自己可以得到翻轉的機會，是因為日常老和尚，他的法以及這個環境和這麼多的人。因此，未來我也想要我的孩子有這樣的環境。我知道我學習廣論的福智團體在台灣有辦學校。我決意要為孩子找一個跟我理念一樣的地方。因此，做了決定之後，隔一個月就回台灣面試，並用最快的速度租下公寓。只帶著一只皮箱和一個電鍋，我和娜娜就回到了台灣。

回台灣時值八月正熱，相較於美國乾燥、舒服的天氣，我們適應得很辛苦。她身上長滿了密密的痱子和蚊子叮的紅豆冰，奇癢無比。以前她身

上白白嫩嫩的皮膚，現在到處都是紅豆冰和滿滿的痱子，不但曬到太陽會痛，不抓還會很癢。我知道她一定很不舒服，但她願意學習，願意待在那個地方。

因為聽不見也不會說話，她兩歲的時候我先學手語，然後再教她。三歲之後，她進了美國學校，用的全部是英文。四歲半回到台灣上學，不但突然進入全部中文的環境，還要背很多古書。你說，她是唐氏症，可是她卻這麼努力適應，克服一般人都不容易做到的困難。我決定陪著她，一起學習，並幫助她與世界（社會）接軌。

當時，我的內心有一種清晰的篤斷：不管娜娜將來在生命中要面對什麼問題，我一定要陪著她，把自己當成她，用她的角度和高度去了解她所看到的一切。

因為，既然生命是無限的，那麼就要用長遠學習的角度，面對生命中的每一個境遇，我相信，只要一次次地提升自我的智慧，成果便會水到渠

成。

慶幸地是，我們做到了！剛開始，中文對娜娜來說簡直是外星語，更何況是古時候文言文的經書，但，一點一滴的努力，經書也背起來了。透過這個學習過程，我和娜娜都學習到該如何克服自己生命中的問題。

一張謝卡，改變了我的心與她的境遇

在台灣學習一陣子之後，我漸漸發現她在美國那個公關小姐（Miss Social）的個性不見了。以前她會抱人、會笑臉迎人，可是她現在都不笑了，只是坐在教室裡面對老師發呆，沒有任何反應。我開始擔心，是我做錯決定了嗎？為什麼她以前那麼可愛的個性不見了？我開始反省自己到底那裡不對了。

慢慢地，我發現，原來我自認為學過教育，也帶過小孩，不知不覺有了自己的見解。因此，當老師的教育理念跟我不一樣時，我在內心裡面其實已經開始嘀咕、不認同老師了。我發現自己總是在看老師的錯誤，這樣的感覺如此強烈，無形間當然影響小孩，自己卻還不知不覺。

當我知道原來這個問題出在自己身上時，我就知道得從「心」出發，開始改變。

每次送小孩去學校，只要我有機會，就去看每一個老師，觀察每一個老師今天有做什麼善行，**每天晚上回家小朋友睡覺之後，我就開始寫老師的善行，並且從內心對他們感恩，努力向他們學習。**默默做了一段時間，等到學期快結束時，我把內心的感激寫成卡片送給每一位老師，表達我內心對老師的謝意。對老師來講，那或許只是一張感謝卡，但對我來說，那卻是一張改變自己心靈的卡片。

學期結束時，我在窗口看到娜娜從教室尾跑到教室頭，緊緊地抱著老師，抬著頭咧嘴傻笑。那一刻，我知道我做到了；我知道娜娜也做到了，

因為生命是無限的，
透過一次一次的向上超越，我的生命會變得更美好、圓滿。

她跟老師的隔閡消除了，我們兩個都做到了。**娜娜又再一次地教導了我、提升了我。讓我看到我平常肉眼看不到的錯誤在哪裡。**從一開始接受她的時候，她已經帶我走了一關，現在帶她回到台灣又讓我看到自己的另一個錯誤觀念，幫助我向上再跨一步。

老和尚曾經給過我一個概念，他說：「讀誦聖人的經典，就像是站在巨人的肩膀上看天下。」我希望娜娜的腦袋裡面裝的是聖賢的智慧。

因此，不管再忙再累，每天回家最重要的一件事，就是帶她讀經。從一開始不知道為什麼要念這種東西的抗拒，一直到後來會自動自發，每天吃完飯、洗完碗之後，稍微玩了一下，自己就會說：「讀經。」然後去把經書袋拿出來，放在桌子上。還把聯絡簿也攤出來，放在媽媽的位子上，讓媽媽寫聯絡簿。

有一天她背書時，唸一唸就對著我指，弟子規裡面說「親愛我」，她就指著「親愛我」，我當場眼淚就流了出來。**那一刻，我突然理解到：原**

來背古文是可以背到心裡，再從心裡面流淌出來。這麼小的小朋友，大家所認為的唐氏症，卻會指出來並且告訴媽媽「親愛我」……媽媽，我知道您愛我，您為我做的我都知道。

我很感動，就這樣被這種不時出現的感動的力量，支撐著一直往下走。

娜娜背過了弟子規、千字文、三字經增訂版、古今背書方法、朱子治家格言、孝經、大學、普門品等，最近要開始背中庸。作為一個母親，我並不因為她會了什麼、成就了什麼覺得很厲害。而是，透過娜娜的成長，透過看見她很努力地學習，感受到她的生命散發出一種想把自己的生命變得更美好的力量。

有時候，我會想：這小孩是當初我從醫院帶回來那一塊，只是躺在那裏的那一塊肉嗎？就是聽不到，也沒有聲音，眼睛只會無神地望著窗外的那一個小朋友嗎？

跨過去，苦境就成為恩遇

老和尚給我的那一句話，我一直受用到現在。「我相信你們在座的每一位在家人，你們要走上去，一步一步都要經過這一關。」這句話點醒了我。讓我不只是可以接受娜娜，把她生下來而已。

之後斷斷續續所有困難都讓我知道，並且激勵自己：妳要走嗎？妳要走，就要跨過去；要跨過去，妳就不要怕，不要怕啊。

娜娜給我的啟發，也影響了她周遭的人，包括了我的公公婆婆以及親戚，還有我媽媽、我先生都一起學習，一起讓自我生命成長。我們變成了一個比過去更快樂的廣論大家庭。當我們遇到困難，或者任何爭執，大家就會回頭去看看佛法上正確概念是什麼。因為有了一個大家都共同相信的客觀標準，我們這個家庭很少有爭吵的狀況發生。

二〇一四年九月，我的婆婆因為腦瘤在一年內開了兩次刀。過去她是精通琴棋書畫，一個人可以打理我公公律師事務所一切事務的女強人，現在卻躺在床上需要二十四小時看護，但是她的嘴角永遠帶著微笑！

因為，我們把生命當成是一種學習，透過學習我們都知道自己生命的方向，對於生命應該努力追求的到底是什麼，都非常清楚。開刀的過程，我們家非常平靜、安詳，彼此互相祝福。相較於我在醫院裡面看到許多其他家屬的恐慌、緊張，互相地謾罵或者是不愉快，我心中充滿了感恩。

我覺得我現在的家庭非常幸福，是透過娜娜的生命轉變得來的。我要謝謝我的先生以及家人；更要感恩我的師父上日下常老和尚。如果沒有他，我的生命不會翻轉，我的家人也不會翻轉。

我們這個家庭從此過著幸福快樂的日子嗎？我想並不是這樣。我想講的是：

每個人都有每個人的苦，每個家都有每個家的苦。可是真正的苦卻是

當我知道問題出在自己身上時，
我就知道得從「心」出發，開始改變。

有了苦卻找不到解決的方法。

大家還記得我的十年計畫嗎？我希望走出去跟人家溝通、跟人家說話，想要成為這個社會的一份子。我真的做到了。

我在家排行老么，我是個很沒勇氣的人，可是我卻做了一個勇敢的決定，生下了娜娜。我是一個最沒有耐心的人，可是我卻要去承擔這一輩子最需要有耐心的事情——教育她。我是一個很沒有智慧的人，一個很不聰明的人，可是我的師父讓我讀了一本非常有智慧的書——《菩提道次第廣論》，透過不斷的學習，我逐步地增長了面對生命的智慧與勇氣。

只要你願意，難關是可以突破的；只要你願意學習，生命也是可以改變的。

我找到我生命的方向、幸福的泉源。

希望大家也能找到自己生命的方向、幸福的泉源。

跳脫自心監獄，苦——也可回甘

蔡豐偒

我認定了：只有錢才能保護我。然而，我賺錢了，
對我好的人卻一個個走了，人存在的意義，到底是為了什麼？

小時候，我過著像天堂一樣的日子。不愛唸書，沾沾自喜，每天都覺得高人一等，總認為「我爺爺是老闆，再來換我爸當老闆，接下來，就是我當老闆了啊！」為什麼我需要唸書？

但是，八〇年代在台灣盛行的賭博「大家樂」，徹底毀了我的家，也讓我從一個富三代的小孩，從此變成負三代。還沒學會愛和感恩的我，已經學會了怨懟，因為，他們把我本以為可以毫不費力繼承的財富跟地位，都奪走了。我的自尊心變成深沉的自卑，從此牢牢刻在骨子裡。

我的未來，當然是老闆

我住在雲林的褒忠鄉下，家裡有兩個姐姐、兩個妹妹，我是單傳的獨子。

自一九六六年起，我家就開設碾米廠，爺爺在地方上是舉足輕重的有錢人。我爺爺是吃苦長大的，小時候就在別人家中當長期童工，那時的他就認知到「人脈」跟「錢財」是闖蕩社會時非常重要的兩大籌碼。

打拚出頭的爺爺，生了七個子女，兩個男生，我爸就是長子。爺爺不願意孩子以後跟他一樣在辛苦的家境中成長，所以打從認定大兒子（我爸）要繼承家業起，就竭盡所能給他最好的物質支援及人脈，為他安排好未來的出路。

於是，當年我還不到二十歲的父親，身上都還沒扛過經營者的壓力，他就已經有了一個根深蒂固的觀念：「凡是我爸的，以後都是我的！」

一九七八年，身為第三代單傳長子的我出生了。從小，身邊所有人都在對我灌輸「你投了好胎」、「以後一切都是你的」等想法，自然而然，當時的我也完全接收了我爸的觀念，「這些以後都是我的」。

我很聰明又愛搞怪，家人非常疼我，更把期望投注在我身上，尤其是爺爺奶奶，但是我一點都不愛唸書，唸書那麼辛苦，而且人人都說唸書是為了一個好前途，那麼，已經很確定以後會有好前途的我，何必還要那麼辛苦？

以後，我知道我會當老闆啊！天真自大的我，當年是小學三年級。

一九九〇年時，我背後像山一樣值得依靠的家一夕崩塌。那時台灣很風靡一種賭博：「大家樂」，這是可以高額投注的賭博，贏了能瞬間致富，輸了卻會傾家蕩產！我爸媽非常沉迷這種賭博，一點一點的蠶食之下，爺爺創辦的工廠，就這樣被我爸爸敗光。儘管如此，我父母還不肯回頭，繼續借錢、再賭，直到欠下大筆債務，這才從刺激的賭博夢裡清醒。工廠無法繼續經營，我爸媽只能留下爺爺奶奶，帶著一群小孩搬家，北上去尋找工作。

那時候，我忽然意識到，我所仰賴依靠的山，轟然倒下，我所擁有的一切，就這樣變成了泡影。

就為了三萬，人生變得不一樣

才國小的我，已經深刻感受到從天堂掉進地獄的滋味。當時我爸媽剛到台北，透過舅舅的幫助，在永和戲院前擺了路邊攤賣粥，我的姐姐妹妹則必須先寄宿在阿姨家，全家人在風雨飄搖中分散各處，少有團聚的日子。

剛到台北時十分困苦，每個小孩多少都要分擔家計。我表哥在永和戲院旁邊開了一家便當店，生意非常好，年紀還小的我跑去找表哥，跟他說：「哥，我需要一個月三萬塊的工作，你叫我做什麼都可以。」隔天我就在便當店幫忙了。便當店的休息時間是晚上九點，九點休息後，我就會接著去幫忙炸排骨，每次回到家的時間，幾乎都到凌晨一點左右。

一個小孩，為什麼會想去找個三萬元的工作呢？正是因為我剛到台北

我忽然意識到，我所仰賴依靠的山，轟然倒下，
我所擁有的一切就這樣變成泡影。

時，我爸媽為了店租和房租大吵，我媽媽大聲說了句：「就是欠三萬！」從此，「三萬元」這個數字，就在年幼的我心裡產生印象。

一個月後，我真的拿到人生中第一份薪水——三萬塊。當時一九九一年，我僅僅小學六年級。

後來，我知道送便當可以賺到更多錢，利用表哥的名義買了一部摩托車。記得某次送便當時，天氣突然驟變，下起了豪大雨，我差點被淋成落湯雞，狼狽地趕快躲進人家的屋簷下，看著陰沉的天氣，我拿起菸，抽著菸，苦悶的心裡冒出堅決的聲音：「我這輩子，一定要賺很多、很多、很多錢！我再也不要過得這麼苦。」

轉到北部讀書，常常一邊打工一邊煩惱家計，可想而知我的課業永遠跟不上同學，加上表達能力差，我在學校毫無成就感，時常跟同學打架。我常常被霸凌的對象，他們欺負我的理由很簡單——因為我是從南部上來的，跟他們不是「同一掛」。我媽看我一天到晚跟人家打架，也管不住

回我，就在我國中一年級下學期時將我轉學回到雲林，跟爺爺奶奶同住。回到雲林，正是我人生轉變的起點。

回到家鄉，我首先看見的是家中過往榮景不再，爺爺奶奶為了生活，需要自己去工作賺錢，也沒有人照顧他們這兩位長輩。當時，叔叔在北部犯下刑案被關，至於我爸……不用想也知道，他連自己都照顧不了，哪還有餘力照顧到父母？村子裡的人以前多尊重我爺爺！但現在村人遇到我們，常常會話中帶話的嘲弄爺爺奶奶。為了錢的問題，爺爺奶奶常常吵架，這些場面都是我以前從未看過，也無法想像的。

更叫我心酸難過的是，爸爸每次回雲林老家，從來不是回來盡孝，而是慫恿我爺爺賣掉土地，好讓他有錢買房子、做生意。我甚至看見過爸爸因為要不到錢曾試圖動手打爺爺奶奶。

我很感慨，錢，一切都是為了錢……

爺爺奶奶猶豫許久，最後終於決定賣掉一筆土地給我爸。或許爺爺奶奶還是想要相信自己的兒子最後一次吧？然而，我爸錢拿到了手，還是拿去賭博輸掉了……

我對於自己的未來，既茫然又恐懼。沒有人可以幫得上我，我更無法替支離破碎的家做些什麼，幼小心靈只留下一個沉重的印象：「錢」很重要，真的很重要，只有「錢」才能保護我；因為，有錢會被尊敬，而沒有錢卻會被人欺負，會被所有人都看不起。

我下定決心，不許再讓別人欺負我家人！當時，我心中所認定的家人，其實只剩下三個人，只有：爺爺、奶奶，還有我自己。

奶奶的眼淚，換來我的覺悟

回到南部讀書，一樣還是有同學會欺負我，但是這次我不怕，我學會跟其他人成群結黨、結拜兄弟，誰欺負我，我就帶一群夥伴打回去，沒多久在學校就打出了名堂，沒人敢再欺負我。那時的我憤世嫉俗，真的什麼都不怕。

我拚命武裝自己，在鄉里間打架鬧事、胡作非為，心裡總想：反正爛命一條，沒差！

有一次，我跟朋友出去犯下一個案子，受害者找到學校來，被校長知道了，校長直接告訴訓導主任：「送警察局！」訓導主任知道爺爺是誰，於是聯絡了我家，叫我爺爺來學校。

爺爺來了，我一副什麼都無所謂的樣子。處理的過程中，爺爺看都不看我一眼。事情處理完後，爺爺轉頭就走。我想，他應該是對我很失望吧？但我還是告訴自己——沒差！

當天我回家，站在門口等我的是奶奶，她一看到我，就哭。而後，只是用顫抖哽咽的語氣告訴我：「咱家就只有你們三個人，你爸這樣，你阿叔嘛這樣，你現在嘛這樣，你要叫我怎麼活下去……」奶奶哭得很傷心，

生活無論多難、多苦，我都不會放棄，
我的字典裡沒有「失敗」這兩個字，只有「做不好重來」。

好像要把家變以後的心痛，全都一次哭出來。

爺爺的漠然和放棄，我可以當作沒看到，但是奶奶的眼淚，卻讓我的心好痛。**以前我是爺爺奶奶的寶貝金孫，他們看著我的時候，總是露出寄予厚望的笑容；可是現在，我卻傷害他們、讓他們難過失望，逼得他們只好用冷漠跟哭泣來面對**。這樣的我，跟我爸、跟我叔叔又有什麼兩樣？

於是，我當場跪下，不斷對她老人家磕頭，「我錯了！阿嬤，我錯了！」

那次，我深刻的感覺到奶奶心裡的無奈與無力——原來，她其實已經把這個家最後的希望寄託在我身上，所以，看到我不學好，才會如此難過。

覺悟後的我，盡量完成了學業，專科畢業後，我知道需要盡快服完兵役才能找個穩定的工作，因此我立即選擇當兵，不再唸書，因為目標明確，所以在退伍前兩個月，我已經找好了工作。

當時，我到泰山一家車商應徵業務，他們說我沒經驗，他們不要，我立刻問對方：「那你們缺什麼？」他們說：「只缺洗車的。」我再三拜託：「這也可以，退伍後馬上有工作，對我來說真的很重要！」

一退伍我就到車廠去洗車。那時對方給我的薪水是一個月兩萬五，這工作既辛苦，賺得也少，回到家時全身都髒兮兮。當時，連我的姐姐、妹妹收入都比我好。有次遇到我媽，她看著我直搖頭：「看你這樣，真煩惱你以後怎麼養得起妻兒？」

在車行洗車這段時間，我設法讓老闆知道我還會修車，只因我想爭取更好的薪水，機會不降臨，我就自己找機會。

有一次，我趁著閒聊時跟老闆說：「老闆，我六點就下班了，可不可以留下來賣車？賣到晚上十點，這段時間沒賣出去不用薪水，如果有賣出去，再給我獎金就好。」老闆雖然答應我，但卻給了我一個但書，那就是：要等到前面三位業務手頭上都有客人，第四個顧客出現時，我才能去接。實際上，待在車廠這麼久，我知道這情況很難發生，甚至可說幾乎是不可能，換句話說，老闆是在用一個比較委婉的方式拒絕我。

可是我並沒有放棄。我長久觀察公司裡最會賣車的業務，揣摩他所使用的銷售方式，找機會接近顧客，沒多久，從不曾做過業務的我，就創下單月賣出二十八輛車的紀錄。

工作一年後，我的薪水加獎金漸漸增加，然而，對我來說這並不夠。我突然想起之前教我修車的師傅曾說過的話，他說：「若想賺到更多錢，唯一的機會就是做生意。」因而，我產生了自己出去闖蕩的想法。

用爺爺的命換來的「老闆」命

二〇〇三年，我二十四歲，辭去每月底薪十萬塊的工作，用信貸借了錢打算自己做生意，爺爺當時偷偷塞給了我一筆創業金，他說：「阿豐，阿公沒什麼東西可以給你，哪一天若遇到困難的時候，你要勇敢一點！」那一刻我知道，在爺爺心裡，我仍然是他的寶貝金孫。

沒多久，爺爺因病過世。在整理爺爺的衣物時，我發現了一本存摺，打開一看，存摺裡的數字讓我當場呆住：存摺裡本來有二十五萬，那是爺爺生病後保險公司撥下的款項……那筆錢就是他偷偷塞給我的創業金！幾乎全部的錢，爺爺都給我拿去創業，他老人家只留下三萬塊過日子！

原來爺爺早已沒有錢了，當時爺爺拿給我的二十幾萬創業金，本是兩位老人家最後的養老費。想到這裡，我忍不住大聲痛哭，這二十幾萬塊的創業金，是爺爺用命換來的。

阿公，你把錢都給我，兩個老人家是要怎麼過日子？

「阿豐，阿公沒什麼可以給你了。你要卡勇敢咧……」

阿豐，你要卡勇敢咧（台語）。爺爺最後留給我的這幾個字，奠定了我未來面對任何困難都不退縮的勇氣。

我認定了：只有錢才能保護我。然而，我賺錢了，
對我好的人卻一個個走了，人存在的意義，到底是為了什麼？

日後，在生活上無論多難、多苦，我都不會放棄，我的字典裡沒有「失敗」這兩個字，只有「做不好重來」。

我用不要命的方式在賺錢，生活的其他一切，都沒有心力顧及，當然更沒有心思追女朋友談戀愛，就連我跟太太的姻緣，都是靠著相親認識的。二〇〇七年——我結婚後一年，我開始規劃理想中的家庭，第一個孩子誕生後，我就想「決不讓我的太太跟我的小孩過跟我以前一樣苦的日子。」

我努力地在事業上打拼，只要有錢賺、不犯法，我什麼都做。到了二〇一二年，我靠自己擁有了人人稱羨的物質生活，所謂「五子登科」，我全都具備，而且我還多了千萬超跑、八位數存款。當時我才三十四歲，隨著財富不斷累積增加，那時，我真的以為世上只有「錢」才最重要。

然而，兩年後，有件讓我無法接受的事突然降臨——待我如親子的岳母罹癌過世了。我真的無法接受，那時我非常難過，我終於停下來開始思

考：

為什麼對我好的人，都離開了我？

對我好的人一個個走了，人存在的意義，到底是為了什麼？有再多的錢，能夠買到所有事情都隨心所欲嗎？能夠買回我的爺爺、我的岳母嗎？

賺了許多錢，生意愈做愈大，壓力也愈來愈大的我，差點就因為這樣而感到崩潰。我反覆去思考自己的生活軌跡：年輕時苦過、白手起家獲得成就、想讓孩子得到最好的物質生活……這一切的一切，不就跟我爺爺當初走的路一模一樣？

如果人生只是這樣的重複，那麼，我現在的春風得意和財富，會不會哪一天也被突如其來的意外給奪走？

光是興起這個念頭，我就覺得了無生趣，不僅陷入莫名的慌張，更對命運開始產生畏懼。我腦中甚至曾經浮出一個念頭：「這樣的人生到底有什麼意義？乾脆死了算了。」只有想到我的小孩、我的太太時，掉進深淵的情緒才稍微被拉回來一點。

如果說，我的人生第一次轉機是因為爺爺的失望和奶奶的眼淚，那麼，意外地接到姑姑打來的一通電話成了我人生第二次蛻變的契機。

那時，沉浸在自憐憂鬱狀態的我，在電話裡向姑姑抱怨，我罵所有的人，罵我爺爺、也罵我奶奶，我說：「爺爺奶奶就是不會教小孩，才會留下這麼多爛攤子給我，讓我今天這麼苦！」她靜靜地聽我訴說我的苦，我瘋狂的傾吐，一直謾罵，不停發洩內心的情緒，直到最後，她的一個問題讓我突然停了下來。

她問：「你想知道為什麼嗎？」

我反問她：「妳又能幫我什麼？」

她要我給她四天的時間，用這四天去參加一個營隊，她說，你會在那裡找到答案。

四天就能給我生命的答案？

當時情緒緊繃的我，就像個溺水的人，漂浮在茫茫然沒有邊際的水裡，又孤單又惶恐；姑姑這句話，隱約是一根浮木，我本能的想握住這根浮木，當下答應了。

然而，上天似乎存心要給我一些考驗。還記得要參加營隊的前幾天，我公司一部七百多萬的車子被測試廠人員於測試期間，移動車輛時撞壞了，當時我剛好又買了間房子正在裝潢，我很快扔給了我的輔導員四個字：「我不去了。」當時，我的輔導員用非常誠懇的語氣，希望我能參加，太太也看出我的壓力已經快要到達極限，於是她不斷提醒我，希望我暫時放下工作，就當作放四天假，什麼都不要想，去散散心吧。所以，我參加了那次的企業主管生命成長營。

面對這件事我為什麼會這麼想？心裡的鏡子照出了我需要調整的習性，原來我還需要再學習——真正對他人捨得。

為什麼，他可以說出這樣的話！

營隊第一天，台上的輔導員們用戲劇演出「我就這樣過了一生」，當下的我被戲劇帶入了情境，聯想起自己先前對人生的種種迷惘，頓時感到十分震撼！整個晚上，我都沒睡，整晚思考著，「至今為止，我到底在做什麼？我所做的一切，又是為了誰？」直到早上，輔導員叫醒我們，一起到廣場去做早操，早操時間我流了滿身大汗，所有的煩惱和思慮，都在一個個舉手抬腿扭腰的動作裡離我遠去，本來壓在身上的諸多壓力，隨著汗水流洩，一瞬間輕了許多！

我做了個深呼吸，呼出了一大口氣，突然心有所感：原來，活著可以這麼簡單、這麼輕鬆啊！

營隊的內容其實並不複雜，它只是用各種深入淺出的方式，讓我體會乾淨純粹卻認真的生活，也讓我發現，人生所需要追求的不應該是物質，而是內心的安穩。四天後，當我開車準備離開，看到穿著黃背心的義工，臉上帶著真誠的笑容，對我九十度鞠躬說「再見」時，我真的非常感動。整個營隊四天都因為天性刻板而沒有露出笑容的我，忍不住激動的情緒，拿起電話打給姑姑，哭著跟她說：「謝謝妳，謝謝妳帶我找到我要走的路！」

對我來說，這不只是一次營隊，更是第一次，我的心找到真正的依靠。

「這世人（台語），我到底還能做什麼？」我帶著這樣的疑問踏進營隊，卻從沒有想過，會有位慈祥的老和尚，用一個平靜並且堅定的誓願，讓我找到人生的救贖。

自從家庭劇變以來，在外人面前我一直顯得很獨立，看起來好像很清楚自己要什麼，工作賺錢，養活自己，大家都只看到我積極的外在表現，但是，從來沒有人關心我是否快樂。有時候，一個人靜下來，就開始孤單，懷疑：我的人生究竟在追求什麼？從來沒有人可以告訴我答案，然而，營隊裡卻有一個老和尚，對我許諾：「只要你不放棄，我很樂意陪你走完最後一程。」

這句表面上平凡無奇的話，聽在我耳裡卻很震撼。失去最愛的爺爺奶奶多年、與父母失和多年、在真真假假的商場打滾多年，我都已經忘了，有多久不曾得到長輩和藹的祝福。可是今天，一個素昧平生的老和尚，卻像長輩愛護晚輩一樣，對我說出這樣真誠的話！

我心裡那些憤恨，徹底的被打碎，我聽到自己的聲音帶著哽咽：「為什麼？您為什麼可以這樣慈悲地對我？」

被物質和金錢圍繞太久的我，生平第一次體會到何謂無差別的慈愛。到這一刻，我終於清醒：我真正需要的，原來並不是盲目追逐金錢。再多錢，其實也無法彌補我內心的缺憾。

我明白自己該做什麼了！

營隊結束我又上了一些課程。那之後，我回雲林陪岳父去爬山，下山後，我向岳父提議：「爸，我們去古坑的湖山寺祭拜媽。」

祭拜岳母時，我們都習慣先到大殿禮佛。但這次我注意到大兒子跪在佛前喃喃自語許久。祭拜完畢之後，岳父就問我兒子：「諺，你跟佛祖說什麼？」他說的話讓我們嚇了一大跳，這孩子竟然說：「我拜託佛祖讓爸爸學到大智慧，回來教我啊。」

以前，我抱怨爺爺奶奶沒有把兒子教好，當然，我爸媽也沒有好好的教育他們的兒子——也就是我——他們甚至不曾給我應有的親情！而現在，我開始想，我能夠學到大智慧，好好去教導我的兒子嗎？

因為在營隊裡得到的感動，再加上兒子那句話，我決心更認真學習充

「只要你不放棄，我樂意陪你走完最後的路。」
「為什麼？您為什麼可以這樣慈悲地對我？」

裕心靈的方法。

慢慢我理解到，以前的我帶著許多私心，用外在的物質來填補慾望。這樣做的結果內心只會愈來愈空虛，永遠無法走出物質帶來的煩惱。唯有學會慈悲心，懂得利他而不再只是利己，眼界才能開闊，生命的痛苦才得以解脫。

學習一年之後，我重新思考：我能做些什麼？想起老和尚說過的一句話「教育是人類升沉的樞紐」，這讓我想起自己小時候，因為家裡環境因素影響到我的學習，更讓我在成長過程中，人格產生偏差。

我決定拿起電話，聯絡以前就讀的小學——雲林縣褒忠鄉的復興國小。我告知校方，想幫助學校弱勢家庭的小孩，我不想讓這些小孩跟以前的我一樣，畢竟，小孩無法選擇他出生的家庭，更無法選擇他的爸媽。我是商人，最大的優點就是我能賺錢，所以，我希望跟教育單位合作，幫助這些孩子，不要讓這些孩子因為家中環境而影響學習。

唯有讀書，才能讓他們開拓眼界、漸生智慧；也唯有學習，他們才能跳脫貧窮跟痛苦。我心想，只要有百分之幾的機率和可能性，讓這些孩子感受到溫暖，不致於誤入歧途，那也值得了。

人生的開闊，從「捨得」開始

不過，顯然事情沒有我想像的單純。幾天後，校長提交給我學校需要幫忙的孩子名單。看到名單，我真的嚇了一跳，因為學校裡竟然有將近一半、總計七十位孩子需要幫助！這結果徹底出乎我的預料，也超出我的預算。主任一一訴說每個孩子的狀況，不是隔代教養、就是父母身亡。主任也明白這數字很驚人，他直說：「蔡先生，您看一下，要是覺得哪個比較不急、哪個比較不ＯＫ，把他劃掉沒關係。」當時我助人的熱忱正高漲，心想，「一個小孩代表一個希望，一個都不能少！」於是很豪爽的答應全都補助了！

沒想到，才短短一個禮拜後，主任又打電話來，問我：「可不可以再多幫忙兩位姊妹？」我心裡升起了一個念頭：呷好道相報嗎？心裡正有些疑慮，耳邊傳來主任的敘述：「她們的爸爸上個禮拜因為工作的關係，落水身亡，家裡頓時失去經濟支柱，還有喪葬費的問題。」或許感受到我的遲疑，主任的聲音帶著懇求：「蔡先生，真的很失禮，可不可以麻煩，再多幫這兩位孩子？」

聽到這兩個孩子的遭遇，我很難過，然而，最讓我難受的是，我心裡的第一個念頭為什麼會是那樣？此刻，我心裡有面鏡子，照出了我需要調整的習性，原來我還需要再學習。這是我學習後的第一個改變——「捨得」。

因為你是我爸啊！我當然要對你好一點

我的人生其實還有另一個非常重要的功課，曾經我認為只要無視它就好，然而現在我心裡有個聲音，告訴我，不能再這樣逃避下去，否則，它會是我心裡永遠的傷口。那就是——我的爸媽。

小時候，我親眼見到父母為了討錢，對我摯愛的爺爺奶奶三字經伺候，甚至更誇張的打算拳腳相向。爺爺奶奶還在世時，我怕他們會對爺爺奶奶不好，因此我對他們百般容忍，等到爺爺奶奶相繼過世，我知道我不需要再忍耐了，我當時只想：從現在開始，我要將他們帶給爺爺奶奶的痛苦，完完全全的歸還！

面對我的冷漠和不客氣，他們也曾經用家產來威脅我，但我根本不在乎，我說：「我錢比你多，我什麼都不要！」他們也在別人的面前說：

用外在的物質來填補慾望，反讓內心越來越空虛，走不出煩惱，
唯有學會利他而不再只是利己，眼界才能開闊，生命的痛苦才得以解脫。

「生了兒子跟沒有一樣，女婿比兒子還好。」甚至好幾年的過年，他們故意將我與太太還有兩個孫子扔下，卻陪伴女婿女兒和外孫和樂的出遊，想用實際的行動讓我知道，他們也沒把我們當成家人。這些行為，讓我跟他們結下更深的怨恨，我甚至在他們面前直說：「蔡家的祖先，我只拜到爺爺奶奶！」

日子久了，他們也愈來愈怕我。我對其他人什麼都可以隨便；然而對他們，我是每一毛錢都要算得清清楚楚。每個月的生活費我給，可是我給錢的方式是一定要有外人在，我雖然排斥他們，但也不想讓外人把我定義成跟他們一樣，是忤逆父母的不肖子。

對父母的不滿，我一直無法釋懷，不過，這個陳年舊帳，在我學習的過程中漸漸產生變化。最初，我的改變是有目的的，為的是善了這輩子跟他們的緣分，下輩子真的不要再遇到他們。甚至過程中，我對他們好，還會刻意的要讓他們知道：「我對你好，你有沒有看到？」這就是我最初的

出發點。

隨著我學得更多，我發現我的所做所為，跟我的所學好像並不一致，於是慢慢的調整自己的腳步，試著去做些為人子女本來就該做的事。這時的我只是去做，不再想處處誇耀。我也改變跟他們說話的語氣、態度，甚至到後來，我會設身處地的去思考：他們到底在想什麼？

我的爸媽，他們真的不曾想過要做好自己嗎？

說到底，有誰願意虛耗用自己的一生，演一齣爛戲來教自己的兒子——「不要跟我一樣」？

我回想過去的我爸，他也曾經試著要努力，但是，過去他犯下的錯誤，導致兄弟姊妹和兒子，從一開始就否定他。他心裡其實也有苦，那些苦真的沒人知道，所以到最後，他的行為就像以前的我一樣——反正什麼也沒有了，表現再爛也沒差！**我開始放下對爸媽的成見，從生活上去關心他們。**

剛開始，他們當然對於我的轉變很不習慣，但是，我仍然持續做著那些原本我不會做的事。比如，以前我帶他們出去，下車的時候我會自顧自走我的，等他們自己跟上，可是現在，我下車時會主動去扶我爸。剛開始扶他的時候，他都直接用手把我撥開，我知道，改變沒那麼容易，他還在生我的氣。

被拒絕，從來都是令人不愉快的事，也會讓人感到受傷，可是，我沒有因此而放棄。

「阿豐，你要勇敢。」爺爺，我記得。

我伸出去扶他的手，持續了一年，整整一年，終於，我試著再用手去攙扶他的時候，我爸不再將我撥開。後來有一次，我回雲林陪我爸吃飯，飯後我陪他喝酒、聊天，就在我們兩個有說有笑的時候，我爸突然流下了眼淚，他看著我，問我：「你為什麼要對我這麼好？」我想，他心裡其實對他的父親很內疚吧，因為……**我今天所做對他盡孝的事，他已經做不到**

了。

「因為你是我爸啊！我當然要對你好一點。」那天，他一直哭，眼淚怎麼樣都停不住。

最近我回雲林，發現爺爺跟奶奶的墳上，種起了小紅花，周邊的環境也變得很乾淨，我知道那是誰做的——是我爺爺的寶貝兒子！他，也是我爸。

我心裡那道深深的傷痕，或許能等到真正痊癒的一天了。

換個角度看待，苦也可回甘

我的轉念，讓我真切的了解：今日我的成長，其實要感謝身邊所有的人，因為他們讓我擁有學習的機會，無論是順境或是逆境，都值得去感謝。過去的我跟著習性在走，讓我做出很多錯誤的決定，傷害家人也傷害今日我的成長，其實要感謝身邊所有的人。
無論順境或是逆境，都值得去感謝。

自己，以為賺錢、擁有超跑、擁有百萬名錶、擁有世界名酒，才是人生；而我現在卻知道，那些其實是自己給自己設計的監獄，把自己逼到沒有喘息的餘地。

以前苦的時候，總覺得連吞口水都是苦的，心裡的結總是打不開；而現在，我學會換個角度看待，只要願意跳脫心的監獄，原來有一天那些苦也能回甘的。

向自己「認錯」，尋回最真實的自己

李驥

我一直覺得自己是全世界最苦的人，但我以為的苦其實都是我親手挑選，並且用反覆的習性澆灌而結成果的。

我是個好強、自詡永遠活在青春期的半百老頭，剛羨慕學長李宗盛在五十啷當還寫了首歌，登上了山丘的巔峰，自己卻在生日前十天、往北十二個小時的深夜火車上遇上了心肌梗塞。生死一瞬間，往昔殘缺、懊悔、風光、倉皇的記憶，一幕幕浮現在眼前。此刻，我才明白……

如果人生能重來，我寧可不要那火紅風光的五年，年少無知的我，就這麼步入痛苦的深淵，並不知道一時虛榮換來的，是窮途末路的悲慘命運。如果時間可以倒帶，我一點都不希望擁有這光鮮亮麗的一切，再多的讚美稱頌又如何？可悲的，我竟然也過那般茫然的日子達數十年，直到一場偶然的際遇，才使我從惡夢中驚醒。

年少的祈願，走上夢幻舞台

很不幸地，一首《認錯》讓我成為眾所矚目的明星，這是我始料未及的。一夕成名可能是許多人的夢想，一定有人認為我用「不幸」來形容這個成就是自詡清高在沽名釣譽，然而這是我真實的想法：如果不是突如其來的機運讓我站上人生的高峰，也許就不會有漫長的十幾年，白天需要背負著曾經的光環包袱；夜裏還得承受失眠尋死的痛苦。這樣的過程對任何人來說都是如地獄般極端的煎熬，如果能有智慧，誰都不願讓自己陷入如此痛苦深淵而只為了短暫的快樂的。

考慮往流行音樂界發展的初衷並不太高尚，只是為了能被更多人喜歡。從小因為性格內向，也不善學習，在任何團體中永遠只能擔任跟班打雜的角色，老師同學也很少記得曾經和這樣一個不起眼的男孩相處過，所以我特別期待能被很多人欣賞。雖然內心的渴望很強，但是自己所做的努力卻不太多，零星投入的鍛鍊，只有國中時期偷用姐姐的吉他學習彈唱當時流行的民歌，以及偷拿姐姐的信紙寫情書追求學校女生班的同學。因此，進入五專住校讀書之際，我自然就參加了吉他社。我在社團表現不凡；上課寫情書下課寄信，每天都能和不同學校的女同學魚雁往返，令許多同學羨慕。

現在想想，這都是年少無知發了願，種了因，後來才讓我稍稍懂得寫歌譜曲，有機會將自己的作品公諸於世。一九九一年發行《認錯》專輯，對於兩個已經二十五歲擁有相對穩定工作的大男孩來說，真心認為到這一刻就圓滿了：該努力的我們都做了，該有的成績也足夠滿足了，我們會繼續過著原本父母親給我們安排的，平凡而幸福的生活。

萬萬沒想到專輯大賣百萬張，我們突然成為家喻戶曉的明星。不到一年的時間，我們得到了財富、擁有了掌聲，這應該是許多人一輩子望塵莫及的成就了。**我常常在想：如果故事結束在這裡，一切不就完美了嗎？就像美妙的童話故事總會以「從此王子和公主過著幸福快樂的日子。」作為結尾一樣。**只是，事情並非如此。

成名的背後，是沉重的內心包袱

突如其來的名聲雖然看起來人人稱羨，但也很容易讓人頭暈目眩。在出片一兩個月左右，我打算宴請唱片公司同事感謝他們對專輯銷售的協助，特別找了一家小有名氣的餐廳，打算訂位包場。在聽到餐廳主管告知時間不能配合，無法接受預訂的時候，自己不知道從哪兒來的無名火，竟然脫口說出：「開門不做生意？你難道不知道我是誰嗎？」可能我真的以為有了社會地位就能為所欲為，世界都應該為我讓道。

第一張專輯結束五年之後，當年的兩個年輕人因為理念不合而拆夥了。志得意滿的我還覺得自己擁有呼風喚雨的能力，計畫和曾經合作的夥伴互別苗頭。我們兩個人分別在不同的唱片公司推出了個人專輯，我出了一張《一個李驥》，他出了一張《散了吧》。我的唯一一張個人專輯銷售

勿以善小而不為，勿以惡小而為之，
理路想清楚，善小而為就容易得多。

量淒慘無比——五萬張不到的成績。就算優客李林的鐵粉也未必聽說過這張專輯。當唱片公司老闆以一種特別平淡的語調告訴我這張專輯的銷售狀況時，我開始緊張，是否我就要失去擁有的一切？比財富更令我焦慮的，是別人眼中的我是否又會成為學生時代那個一事無成的傻小子，再也不能得到他人的肯定？

心慌意亂的我開始四處尋找人生的替代方案，我嘗試著寫書、念研究所、創業、開拓海外市場，再寫書、再唸書。而每一次我都很快做出一些成績，接著又開始面對看似無止盡的事業滑坡。更令人難堪的是，每一次轉換跑道想要重新開始，依然還得面對那些看似關懷的問候：「你不是那個歌手嗎？」「現在怎麼不唱歌了？」每一次面對類似的善意提問，我都想挖個坑藏起來。或許基於那樣的心理因素，每次我轉業，考慮的不是我能做什麼，或我想做什麼，而是做什麼能看起來光鮮亮麗、領先潮流。想起來，推動我背後的情緒就是逃避自己，特別是逃避自己過去曾經的輝煌。

從某個層面而言，在不明就裡的他人眼中，我不但在華人流行音樂史上留下記錄，同時也出版十幾本著作和拿到兩個碩士學位，更在資訊及網路產業多次創業，每一次的規劃都領先業界的。儘管如此，實際上我的自我感覺差到了極點。我不但因為恣意揮霍敗光了先前積累的些許財富，還擔心被人看穿自己的無能，驚弓之鳥似地到處躲藏；白天把自己裝飾得人模人樣渴求寥寥可數的掌聲，夜裡靠著酒精好麻痺自己失眠的恐懼。

那時的我就像一只瓷杯，從正面看上去光彩動人，一旦杯子轉到背面，就會驚訝地發現到處都是坑坑洞洞的傷痕。對我來說，這些不是光環——更直白地說，那是試圖用種種被塑造的燦爛角色掩飾內心的不甘。要說我喜歡我自己，大概是從來沒有發生過的事情吧！

但我想我是幸運的，在自甘墮落的十年之後，三件事徹底轉折了我的生命。

看見他人的堅強，才發現自己的傲慢

二〇〇六年，我開始在上海學習心理諮商。一開始的動機還是逃避，因為一年多前紅紅火火的創業出現危機，逃避的習慣又開始催促我找一個光鮮亮麗的頭銜。透過心理諮商的學習結識一群願意代人著想的同學，他們敏感的發現了我的脆弱，用耐心和陪伴接納我不定時的情緒崩潰。心理諮商學習結束之後，正好發生了四川汶川大地震，上海指導我「情緒諮商教育」的張怡筠博士給了我機會參與災區學校師生的心理輔導。

在地震前，汶川的青山中學有上千名師生，突如其來的大地震，殘忍摧毀了平靜的校園，也奪走了大多數人的生命。巨變之後，全校師生僅有三十二名師生幸運逃過這場劫難，其他人全被壓在瓦礫堆下。看到那些年輕的生命在面對不能抵抗的意外時，依然能從最殘破的廢墟中站起來，勇敢面對未來的挑戰。與他們相處的過程中，我忽然體會到——我一直以為自己是全世界最苦的人，但相較於他們，我是有選擇權的——所有我不想承受的事，都是我自己決定要去做的——換句話，我自己以為的苦都是我親手挑選，並且用反覆的習性澆灌而結成果的。相較於在地震後失去家庭、親人、摯友的痛苦，我恐怕是最沒有立場去講「苦」的那個人。在他們面前，我有什麼資格抱怨呢？

這是一趟很特別的旅程，一開始，我驕傲地自認，自己是要去幫助他們的人；然而，到了最後，我成了被幫助最多、收穫最大的人。

二〇一〇年時，二姐突然約我吃飯，想推薦我去參加一個名為教師生命成長營的課程。我當時十分詫異，二姐竟然讓我以學生的身份參加營隊。自從二〇〇六年成為心理諮商師之後，我就投身在兒童青少年的情緒諮商教育領域，進而進入幼兒發展教育產業，成為老師。過往的媒體工作讓我稍有知名度，加上又寫文章出過幾本書，不但在兩岸辦過不少培訓我不想承受的事，都是我自己決定要去做的。
我是最沒有立場講「苦」的人。

營隊，在大陸也算是小有名氣。因此，那時我瞪大了眼睛，看著二姐說：「沒搞錯吧，我看應該是找我當老師幫你們上課吧？」

原本以為讓二姐這樣碰釘子，她應該不會再提這一檔事了。沒想到連續三年，二姐每次碰到我，都問：「要不要參加今年的教師營呀？」我當然還是冷冰冰的回絕。直到第三年，二姐終於不問了！不問並不代表她放棄了，那次吃飯，她直接從包包裏拿出一張紙，對我說：「今年的教師營我已經幫你報好名了，你就把過年後的時間留下來吧！」面對二姐這麼完善的「安排」，加上我在潦倒的時候曾經受過二姐一家的接濟，我還真找不到理由拒絕。

我一點也沒想到，那年營隊，竟成為我人生起伏的最大轉捩點。

從小善開始，決定改變生命習性

我抱著無奈、被騙和打混的心態走進營隊，沒做任何準備。儘管如此，營隊經驗豐富如我，還是被進入校園的種種場景給震撼了。遊覽車剛開進校園停靠，就看到一群身著黃背心的年輕人大聲唱著歡迎歌，並且爭先恐後的協助下車的學員提行李、帶方向；而這群年輕人後來也出現在每一次學員從教室到餐廳的路上，用一樣熱情的身段對著我們大聲地唱著歡迎歌。最初那種震撼——或許用「驚恐」更精確。

記得其中有一堂名為慈心理念的課程，我聽到了教師營的創辦人——日常老和尚講了一句話，他說：「勿以善小而不為，勿以惡小而為之。」我突然想起：是啊！這句話我從前會背呀！儘管功課一向不好，但這句話留在我腦海至少超過三十年了。只是三十年來，我從來沒有仔細思考過這句話的意思，更不用說實踐過了。

看到影片中那些採用慣行農法的農夫們，明明下午要收成送去市場的莊稼了，上午卻還在噴農藥。過去我只會責怪農夫，只考慮自己的收穫而把毒害加諸在消費者的身上，但我注意到農夫在噴農藥時並沒戴上防護器具。看見他們為了消費者想買看起來漂亮的鮮嫩果菜，不惜傷害自己。我忽然理解到，正是我們從來沒有重視這樣的「小善小惡」，放任自己的習慣，才會有這樣的結果。

我告訴自己，我願意買稍微貴一點、長相難看一點的菜，讓農夫們不再因為噴灑農藥而傷害自己、傷害大地了，而我也願意不吃肉多吃蔬菜，讓那些動物不再受到生命威脅的痛苦。這樣做我不但能吃飽，還能生存，我也能在日常生活中把點點滴滴的小惡轉換成小善來幫助身邊的人。我意識到，這位老和尚擁有我想學習的不可思議的智慧，在他的帶領下，才有這一個發心助人的團體幫助我們學習。

於是，我下定決心，要改變自己，我要和老和尚學習。

理路想清楚，小善而為就容易得多。在離開營隊的那一刻，原本無肉不歡、嗜酒如命的我開始戒酒茹素，帶著從營隊學習到的觀念回到職場繼續學習。

後來，我成為情商教育營隊的培訓講師，我授課的學生對象變得十分多元。這個職涯再次翻轉的過程，讓我慢慢理解到——原來自己是有價值的。

作為教育工作者最重要的關鍵是理解學生。如果要教會孩子一件事情，不去了解他的發展狀況以及他現在需要什麼的話，極有可能會立下一個錯誤的目標。這樣的做法，看似幫助他們，實際上是將他們帶往完全顛倒的方向，反而容易造成反效果。舉例來說：面對過動的孩子，一般人多半會要求他不要亂動，其實這個要求孩子是沒有辦法做到的。最後，孩子很痛苦，自己也痛苦。反過來，如果你學會理解孩子，會知道這樣的孩子

沉重的過往以及我急於甩掉的包袱，
若從利益別人的角度來看，其實都是能與人分享的珍貴資產。

要動得更多，才有辦法穩定下來。

雖然過往的十幾年，我平均兩年就換一份工作，工作種類很多，貌似沒有累積到什麼成功的經驗，但因為我常要面對許多不同程度的學生，這些失敗經歷恰好能讓我快速找到解決方式，提供學生所需要的幫助，並以一個比較宏觀的角度看待問題。

之前拚了命想逃離挫敗傷痕的努力，無形中讓我累積了些許基礎，也讓我擁有更大的能力站在眾人面前分享自我經驗。這些經驗，或者引發他人的專注力，或者能帶領學生朝著預定的學習目標前進——我開始學會用不同的角度來看待**這些沉重的過往以及我急於甩掉的包袱。從想利益別人的角度來看，這些其實都是我人生中珍貴的資產。**

注意自己的心念，做回真實的自己

從前，我通常是為了解決一堂課的問題而學習——這樣的學習，僅能獲得一堂課微小的快樂，離開學校後還是不知所措；就像學生好不容易獲取高分後，卻發現行為沒有做好，知識也沒有學會，就學會考試而已，往後的痛苦就有無法想像的長。**想到這，我覺醒了——自己為什麼會走這麼多的彎路，最根本的原因是我沒有立定志向，不知道自己要什麼。**

在營隊歸來後，我陸續學習佛法與心靈提升的相關課程，開始有比較細微卻很奇妙的改變——**我開始嘗試不是只為了自己而活**。曾經站在舞臺上的我看似一直逃避藝人的身份，實際上內心從來沒有放棄以自己為中心的思考模式：得到肯定才能確認自己的價值，失去掌聲便開始累積怨懟。我慢慢將正向的想法放在心裡，儘管做不到也隨時隨地用學習到的智慧來思考問題，並且開始懂得為生命訂定較為長遠的目標。

我也試著反省自己這一生。過去，我只想著如何贏過別人，或是從別人身上得到我想要的東西，站得比別人更高，一直追求理想中的快樂。或許，我想做的事情基本上都能做到，不知不覺中，長養了自己的驕慢心。從前，我經常掛在嘴邊的一句話就是：「我沒法跟笨的人說話！」我不喜歡和笨的人工作，因為太沒效率。明明事情能很快做完，他還在那邊兜圈子，與其這樣，還不如乾脆我來做好了！

我總認為：我可以理解別人，但別人不一定理解我。我不喜歡讓笨的人認識，也覺得沒有必要被別人理解。這樣的個性反映在生活中，便很容易注意到別人需要幫忙，但當我出手幫忙別人時，心裡卻不由自主地想著：「唉，你怎麼那麼笨，我來幫你做。」雖然表面上是幫忙了別人，卻不知道自己的傲慢也傷害了對方的自尊心。這樣的情況，也常發生在我與妻子的相處上。

我的妻子竟芳年紀小我很多，加上她的個性比較依賴，因此，多數的時候，我照顧她的機會比較多。婚後，從事教育工作的我，總習慣指出別人的錯誤，特別是面對親密的人，指責往往毫不留情、不加修飾，這讓她感到極度挫折。也因此，我們剛結婚的前兩、三年，夫妻關係很緊張。後來，竟芳受到我二姐的影響，也跟我一起參與了心靈成長與佛法的相關課程。我們的關係就漸漸起了化學變化。我不喜歡和人聊天，有時候甚至連竟芳都會不知道要和我聊什麼內容。但隨著我們兩人學習佛法的時間越來越長，相處的感覺便逐漸輕鬆而親密了起來，共同的話題多了，爭吵的次數則慢慢減少了。每次與她討論到佛法內涵時，就彷彿找到開啟話匣子的鑰匙，個性相異甚大的我們，慢慢找到相處的平衡點與共通點。

有一次，竟芳忽然問我：「你知道你走路很快嗎？」我說：「我不喜歡慢，我喜歡以最快的速度從這頭到達那一頭，我走快一點還可以邊思考。」竟芳竟然語重心長地告訴我：「你知不知道，當你走路很快的時候

我為什麼會走這麼多的彎路，
最根本的原因是我沒有立定志向，不知道自己要什麼。

就是在做一個發瞋心的前行（準備）。」

仔細一想：是啊！當我看見別人兩人並排走在路上時，心中真的很常生起：「你們難道不知道有人要趕路嗎？」的怒火。

這時，我才醒悟到：原來走路的過程也是一種修行。一旦你沒有關注他人，只注意你的目的地時，就會對路上走得慢擋在自己前面的人生氣。

此後，我開始在走路時，一步、一步地注意自己的心念。時常反思著：我為什麼要到這裡？這是否是我終極要去的地方？有一天，竟芳不經意地和我說：「我覺得，你的表情變得越來越和善，臉上的線條變得柔和了。」我想，自己原先應該是個看起來很嚴肅的人——因為我打從心底排斥和別人講話；但一旦站上講台，又像換上戲服、戴上嘻皮搞怪面具的小丑，以浮誇的肢體和過去的學經歷，博取觀眾讚嘆的掌聲。

時光飛逝，走過十多年荒唐的歲月，今日的我很慶幸自己能在半百之際接觸佛法，懂得用更寬廣的思路面對問題，懂得用更柔和的態度與人相處。談到與家人的相處，也總免不了讓我想到已過世的父親。每次想到不曾在父親活著的時候，好好表達自己對他的情感與敬意，就覺得十分懊惱。由於我和父親都是十分寡言的人，所以相處時很少對話，不過，我仍然可以感受到他對我的關懷。從前，我工作到晚上十一點多回家時，他一定還沒睡覺，我知道他就是等著我，要看著我平安回到家才肯睡。而餐桌上，也總是有他為我準備好的一份消夜。遺憾的是，父親與我之間的交流就只有這樣。

值得慶幸的是，我在工作上還算有一些讓父親引以為傲的成就，他總會以我為榮地和他人訴說著我的種種。還記得有次銷售人員打電話到家裡，父親不在，於是我接起電話，電話那頭問：「請問李先生在家嗎？」我聽到「李先生」就知道他不是找我，因為我比較年輕。我回說：「他們出去了。」沒想到，那位銷售員就說：「喔，你就是那個……很棒啊！我是賣保健食品的人，你父親對我說，他兒子很辛苦，想幫他買個保健食品，你父親真的好關心你啊！」當下，我聽到後不知如何反應，只說了：「是，是，是。」就掛上電話。現在想起來，沒有即時的感受到父親對我的愛，沒有即時的向父親說出自己的感謝，真的很遺憾。

學習佛法後，我開始比較認真地反省自己個性上的缺失。以前的我只在意自己的感受，一而再、再而三地冷眼看待家人對我的愛。即便我從事教育工作，卻不曾用所學幫助父母了解苦樂的真相。現在回頭再看，會覺得很多事情真的要在還來得及的時候就去做，特別是對家人的愛。

走過死亡門口，更了解生命的真義

二〇一七年八月十五日凌晨一點三刻，躺在從上海開往北京夜車臥鋪中的我被持續強烈的胸痛驚醒。彷彿死神正拿著冷寒的匕首，直插入我的胸口。那一刻，大限將至的恐懼緊緊地抓住了我。當時，浮上腦海的第一個念頭就是不捨。「要是沒了我，老婆孩子該怎麼過下去？」

我不知所措，心裡想的都是那些來不及對另一半交代清楚的賬本。飛馳的列車與午夜黝黑的空氣摩擦着，伴隨鐵軌間隙安排的固定節拍，轟隆轟隆的聲音我完全聽不見了，空中只剩下自己的心搏聲……

腦中快速地回顧自己的過往，十幾年自我放逐的生活，曾經不止一次在午夜夢迴時，想要從高樓的窗臺往下跳的沮喪，以及帶我活進下輩子的另一半與一雙兒女……。突然，我想起佛法團體中老師的教誨：生命是無限的，這一生所累積的心續會一直延續下去，那麼這一刻應該想起的絕不是那些蒼白無力的惆悵與不捨，而是思考下一生我要去哪裡……剎那轉念，所有的感受又回到當下，心也歸於平靜。原本拿在手上想要交代後事的手機屏幕還亮著，但我終究沒有把遺囑發出去。

一瞬間，我明白了此生要學習的功課：將智者的慈悲和智慧安住在心間，就算我病得苦哈哈也要走在利他的路上，跟隨祖師曾經走過的路、勇

走路也是一種修行。一旦沒有關注他人，只注意目的地時，
就會對走得慢，擋住自己的人生氣。

悍向前；而過往心胸狹窄造下種種損惱他人的惡業，則要向老師學習慈悲之心，以菩提心對治自己的煩惱。

上海到北京的高鐵一三一八公里。發病的當下我正在半途，沒打算驚醒同寢乘客和乘務員，獨自和自己的呼吸及疼痛對治到上午九點，火車駛進北京南站，我獨自扛起行李，走出車站，甚至繼續完成預定的出差任務。直到北京同事看出我的不適，堅持送我就醫，我才在下午四點被送進了急診。雖然因為到院時間較晚，心肌有較大面積的壞死。但感謝佛菩薩及師長加持，我仍然堅持下來了。儘管在走過憂鬱、意圖自殺的陰影後，再一次真實的面對死亡的過程，但每一次面臨死亡，都讓我更清楚生活的目的及生命的意義。每個人都會經歷生老病死，沒有人能逃過，如果能在活著的時候學會面對死亡的正確方法，死就不會那麼可怕，當那一刻來臨時，不再是恐懼和哀傷，而是準備好的從容。但願我們每一個人，都能更加懂得自己珍貴的生命，用它來創造最有價值的事。

現在，我終於可以坦率地說聲——爸爸，我愛您

陳莉凌

儘管已經是近五十歲的女兒，和七十幾歲的老爸爸，
但最真實的親情，無論何時開始走近彼此，都不嫌晚。

我出生在屏東鄉下，從小開朗樂觀，在家受寵，在外人緣也好，因為有點小聰明，學校內大大小小的比賽，總有我的蹤跡。雖然愛玩不愛念書，但在父母的嚴格管教下，也如願考上高中第一志願及國立大學。然而，在看似得天獨厚的美好人生中，老天爺卻也毫不留情的開了我幾個大玩笑，讓我幾乎難以承受。

那是我傳統的家，和我太專制的父親。

曾經，父愛是沉重的高山

我爸是個非常兇的人，既嘮叨，又要求完美。記得我小時候，雖然他的工作十分忙碌，但全家大大小小的事，依然全都掌控在他手中。對我而言，「門禁」是不存在的，因為只要回到家就幾乎不能再出門，晚上如果必須去補習，爸爸就會算準我該到家的時間，站在巷口等。

那時不懂感動，只感到充滿壓力。爸爸在路燈下嚴肅沉默的身影，是年少的我沒辦法反抗的高山，他說什麼就是什麼，全家人包括我媽媽、姐姐，無人可以違背。

爸的教育程度很低，僅有小學一年級，跟我們之間沒有所謂的「溝通」，因為，當他看任何事不順眼，脫口就罵出髒話，用詞嚴厲，把家人管得在家像坐牢一般。

從小活在掌聲中的我，心中一直有個痛苦的糾結，那就是：我這麼優秀，為什麼卻有一個這麼粗俗的父親？

以前有段時間，我們家做水電工程，親戚朋友如果家裡有叛逆期的小孩太壞、教不動，都曉得要送來我家當學徒，最高記錄是家裡一次住了十七個叛逆期的青少年，這些孩子在外逞兇鬥狠，天不怕地不怕，但一回到我家，在我爸面前都乖得像貓，可想而知我爸爸有多可怕！

同時，他也是個很好強的人，什麼都要贏，連吵架也是，就算他根本沒道理，也要用氣勢跟聲量壓過你，他的專制和跋扈，始終操控著我們的生活，連我上大學要念什麼科系，都得聽他的指示；在生活習慣上，他抽煙、吃檳榔、喝酒，三字經五字經更是他時時掛在嘴邊的語助詞。

尤其「喝酒」這件事，整整折磨了我們母女四十多年。

他因為喝醉酒鬧過的事，數都數不清，他曾酒後摔車、醉到睡在產業道路上、酒後與人吵架打架、胡言亂語得罪人；最常見的，就是回家發酒瘋，讓鄰居看笑話，永遠是我們母女三人在幫他收拾這些爛攤子。

這種種行為都讓我覺得羞恥，我不但討厭這樣的爸爸，甚至瞧不起他。

也因為這樣，我跟爸的關係一直很差，講話只要超過三句，就會吵起來，家裡經常上演的畫面，就是我跟爸爸互相對吼，媽媽拿我們沒辦法，在旁邊哭，姐姐只能無奈躲進房間。

最誇張的就數那一次。

當時，我們全家一起到某個好朋友家作客，我跟爸爸在對方家裡吵起來，我當著所有人的面，衝進廚房拿菜刀揚言自殺，只為了要氣他。

其實有人說過我像爸爸，每次聽到這種話，我一定立刻翻臉，心想：拜託！是瞎了嗎？我跟他哪裡像了？

四十幾年來，我們父女的關係有如仇人，只要我們二個同時在家，全家的氣氛，就只瀰漫著冷漠和憤怒，一點都不像個「家」，重點是，我始終認為這一切完全是爸爸的錯。

「我一點也不像他。」

「都是因為他，才讓家的氣氛那麼糟。」

長久以來，我對這兩點堅信不疑。

然而，冥冥中似乎有個力量，要讓我慢慢察覺，這想法原來錯得離譜。

名為自尊心的高牆，透明又堅固，阻擋了我們之間關懷言語的傳遞，也破壞了我們幾十年的關係。

意外，讓我看清不言說的愛

心中想要掙脫束縛的強烈渴望，讓我一路在求學的過程中，離家愈來愈遠，大學畢業後，我決定留在台北，並滿懷期待的展開了我自以為獨立自由的快樂人生。很快的，我走入婚姻，嫁了一個爸爸很不滿意的對象（但我根本不想在意他的看法），三年內生了二個可愛的女兒——然後，意外降臨。

二〇〇〇年，我遭逢人生劇變，前夫投資生意失敗，決定離去，房子賣掉變現還債，我帶著兩個年幼的女兒，陷入此生的茫然。

這時，二話不說就伸出援手的是我爸。他買房付清頭期款，請人裝修，讓我盡快帶兩個女兒搬進去，這件事剛忙完，媽媽便被檢查出了癌症。

那年，我爸五十八歲，令人措手不及的意外卻在短短二個多月之間接二連三的發生。我在醫院遇到堅持要住在病房照顧媽媽的爸爸，意外發現，他本來烏黑的頭髮，已經變得半白，瘦了好多，也老了好多……

這畫面強烈的刺激了我，可是，長年僵硬的父女關係，導致我心裡五味雜陳，連一句關心的話，都說不出口。

真的說不出口啊……上一次，我跟他之間好聲好氣、沒有互相對罵的說話，是什麼時候呢？我怎麼想也想不起來。

後來因緣際會，我參加了一場企業主管生命成長營，在營隊裡聽著別人分享他們的人生——聽到講師選擇原諒家暴他多年的父親，終於找回「家」的溫暖；我和台下其他學員一樣，哭得一把鼻涕一把眼淚。

然而，我心裡仍然有個叛逆不甘的聲音：為什麼需要改變的不是那個做錯事的人？為什麼反而是受委屈、受苦的人要改？但，半信半疑的我，還是在猶豫中選擇踏出第一步，因為，累積在心裡的負面能量真的讓我痛苦了太久，眼前好不容易出現一絲改變現況的曙光，我願意去試一試。

或許，是爸爸頭髮花白的模樣，在我做抉擇的瞬間，沉默地推了一把。

第一個訓練是，「在紙上寫出爸爸的優點」。

一開始，這對我來說真的很難，我可以輕易舉出爸爸的缺點，但思考他的優點卻是我從來不曾做過的事。

怎麼辦呢？花了很大的力氣，我決定從爸爸的成長環境，他為我們做過的事去想，然後漸漸的，在他的成長史裡，我看見一個熟悉卻又陌生的人……

我爸從小生長在一個非常貧困的家庭，他爸爸（也就是我祖父）是演歌仔戲的戲子，家無恆產，連一塊能維持家計的田也沒有。祖父也愛喝酒，六十幾歲就因酒精中毒而過世，在這個家裡，我爸從七歲開始就要像個小大人般，背著小姑姑煮飯；他在家裡六個孩子間倒數第二，要負責帶小小孩，至於其他大孩子則必須去賺錢。

家中連三餐都沒著落，更別提讓他受教育，所以他的學歷只有國小一年級，但是他的心算非常好，他也識字，看報寫字都沒問題，這並不是學校教育帶給他的，而是他自己想辦法找人教、靠自己努力學來的。我爸就是這麼不服輸的一個人。因為過去的生活太窮、太苦，導致他心懷自卑，也因此，造就他比誰都強的上進心和好勝心，難怪他喜歡與別人爭辯，甚至只要他比別人多懂一點什麼，馬上就忍不住要大大的炫耀，其實為的也不過是想藉此幫自己建立點自信心罷了。

他向來很小氣，買個東西連一塊錢都錙銖必較，那是因為他已經窮怕了，只要有好東西，他都捨不得送人，只因為他要把最好的都留給我們；他自己的襪子、內褲永遠都穿三件一百元的商品，但是他卻可以買一顆兩百五十元的蘋果給我女兒吃；每次他上來台北看我跟女兒，一定會買許多我們喜歡吃的東西，多到搬不動、直到把冰箱塞滿為止。

點點滴滴的小事，像毛衣上鬆脫的線頭，在回憶裡愈扯愈長，愈滾愈多。

有次我朋友來家裡作客，看見爸爸到客廳問媽媽說：「妳要尿尿嗎？」朋友瞪大眼睛驚訝的說：「哇！妳爸媽感情也太好了吧，連尿尿都要約一起喔？」那時我大笑，因為我知道，其實爸爸只是因為這樣可以少沖一次水，省那一次的水費！**好幾次，他從屏東到台北來，手中提滿了東西，卻連火車和計程車都捨不得坐，每次都扛著大包小包去坐國光號轉公車，我總是不解，為什麼要這麼辛苦？**

邊想邊覺得好笑，爸爸嚴肅俗氣的形象，居然可愛了起來。

但那時我真的很受不了，「爸！帶那麼多東西，為什麼不搭計程車？」

他總回得理直氣壯：「我這麼省，為的還不是以後多留一點給妳們！」

笑著笑著，眼裡莫名的是一陣陣的酸。

原來，他的愛裡沒有自己！

我真的認識我爸嗎？

他很專制，可是總把每件事都安排得好好的，不需要我們擔心。

他很小氣，卻是對自己小氣，對家人大方，就是捨不得我們也遭遇到他曾經吃過的苦。

他脾氣很壞，他在外人面前都表現得很兇，可是他卻是個私底下看卡通片會看到哭的男人，外表的凶悍，是不是來自他固執的要扛起這個家的責任感？

他喝酒，發酒瘋，是不是因為，他給家人的愛太多太多，給自己的壓力卻太大太大，又無處可說……

還想到，前不久媽媽才對我抱怨：「我做每件事，妳爸爸都要指揮，連我坐公車應該上車刷卡還是下車刷卡，他都要講，我不會自己看嗎？真的很煩耶！」**再次想起這件事，我的想法變了，我看到的是爸爸那顆什麼都把我們擺第一的心，他生命中所有的注意力，幾乎全都在我們身上。**

他白手起家，拼了一輩子，就為了給我們好一點的家庭環境，讓我們吃好穿好，我大學畢業開始工作到現在，除了年節跟生日的禮金，他從沒跟我拿過錢；我買房子，他還幫我付頭期款；我經營公司需要週轉，也是他借我錢（雖然利息有時候比銀行多了兩三倍）。

這就是我爸。

我那個討人厭的爸爸，那個一直被我瞧不起的爸爸，那個脾氣很差又小氣，又有許多缺點的爸爸，可是他對家人的愛，卻那麼深！

心念轉變後，我心裡的負面抱怨，都變成了羞愧和自責；衍生成為一股「一定要改變現況」的動力，催促我做出行動。

改變，從細微的接觸開始

我是爸爸的女兒，我和他，在許多地方的確是很像的：我遺傳了他的固執、他的自負，我和他一樣拚命努力，也和他一樣拉不下臉來對彼此表達關切。

我們中間有一道透明又堅固的牆，阻擋了關懷言語的傳遞；這道透明卻難以擊破的牆，阻攔在我們之間幾十年，它叫「自尊心」。我開始學習放下自尊，在與爸爸的相處裡，我主動撤下高牆，破裂的關係需要修復，我打算從生活瑣事一點一點來。

四十幾年來冰冷的關係要改變，談何容易？終於，我找到了機會。那天，跟爸媽在客廳看電視時，想要打破僵局的心意催促著我跨出那一步，於是，我以自己學習腳底指壓的心得為話題，假裝不經意地提到想幫他們

爸爸很小氣，卻是對自己小氣，對家人大方，
就是捨不得我們也遭遇他曾經吃過的苦。

檢查身體，而後我先幫原本就很親密的媽媽按腳，按著按著，我又裝作若無其事的轉頭過去跟爸爸說：「要不要順便幫你按，看看身體有沒有哪裡有問題？」

爸爸沒有回答，隔了大約五秒，才把腳抬到我面前的小椅子上，說了聲：「隨便。」他也就這樣，裝作若無其事的繼續看著電視。我邊按邊說明他的身體狀況，順勢開始聊起我在學習的心靈課程。他聽著聽著，淡淡的說了句：「自己要學聰明點，不要被騙了。」其實，我知道他心裡跟我一樣是開心的、是激動的。因為在這之前，我們至少已有三十年不曾說過這麼多話，更不曾這樣「友善的」碰觸過彼此。在我的印象中，以前我會碰觸到他，都是在他喝醉酒摔在地上，要把他扶起來的時候。

自從那一次成功地突破兩人僵化的關係之後，我更致力於改善自己的脾氣。當爸爸又開始大小聲，我快發火的時候，我就開始自問：「一旦回嘴，場面一定又失控，結果一定又是我跟爸爸在對吼，媽媽在一旁哭，這

是我要的結果嗎？」我很清楚，我不要。於是，我開始懂得了忍耐，至少不回嘴；若真的忍不住，就先離開現場。如此經歷過幾次之後，我愈來愈能掌握自己的情緒和反應了。

接下來，挑戰更難的吧，那就是跟爸爸聊天。

一開始真的很尷尬，不管我講什麼，他都可以在三句話之內畫上句點，為了不要尷尬沉默，我就必須不斷找話題，但我還是硬著頭皮去做，我告訴自己，哪怕只是三十秒都好，能做一點是一點，即使只有一點點的改變，累積起來也是可觀的。果然，我們聊天的頻率漸漸增加，話題也愈來愈廣了。

後來有一次，爸爸坐骨神經痛發作，我主動表示要陪他去看醫生，爸爸嚇了一跳，我自己說完話之後也嚇一跳！因為，這來回幾個小時的相處時間，我要準備多少話題啊？我真的很緊張，但沒想到，那天從出門到回家，我們整整聊了三個多小時沒有冷場。事後我依然不敢相信，我真的做到了！

後來他回屏東老家後，我便帶著更大的信心持續進行愛的關懷，不到兩天就打電話回去關心他的狀況。

「爸，你吃了藥有沒有改善？」

「爸，醫生交待的事有沒有注意？」

但沒想到，聊沒幾句，爸卻突然不耐煩地說：「有什麼事快點說啦，是又要調錢了嗎？」還在興頭上的我，愣了一會才回話：「沒有啊，我只是擔心你的身體狀況……」

電話那頭的爸停頓了一下，很酷的說：「好啦好啦沒事啦，又不是三歲小孩，還需要妳擔心喔！然後，電話就「啪」地一聲被掛斷了。留下這一端的我，錯愕又沮喪……

我想：我努力了這麼久，難道只是我一個人在自以為是，我跟爸的關係莫非還在原點，一點都沒進步嗎……

隔沒幾分鐘，換成我這裡的電話響了。是我爸嗎？不，不是，是我媽。我媽的聲音有些驚訝，也充滿了好奇地問我：「妳到底打電話來跟妳爸說了什麼？為什麼妳爸掛掉電話後，說了句：『厚，還知道要關心我喔！』眼淚就掉了下來？」放下電話，我心裡一陣激動……

原來我的心意爸收到了，而且還很感動！只是，他還不習慣表達自己的情感。要不是媽這通電話，也許我又要誤會、退縮回原本的相處模式了。

了解，原來是這麼美好的事！

我和爸，個性真的很像，我們的血脈相連一輩子都不會改變，可是，我們之間的衝突卻是可以轉變的。

我跟爸之間的相處氣氛，在打破僵局之後日漸緩和，在持續付出關懷我開始懂得了忍耐，至少不回嘴；
若真的忍不住，就先離開現場。

之後更為親密。爸上台北看孫女的次數變多了，也漸漸會在飯桌上邊吃邊聊天，一次聊起了當年貧困的往事……

他說，剛跟媽結婚後的那幾年，家裡實在太窮，窮到只能吃地瓜粥，他一個學歷只有國小一年級的人，為了養家，只能選擇沒人要做的灑農藥工作。

「每晚鼻血流得滿枕頭都是！」爸回憶起當年的往事，心中無限感慨。

「妳媽擔心我早死，不肯讓我再去灑農藥。」

「後來，我就換開卡車。」

開卡車，在當時是以趟計酬，主要是跑台東載西瓜，想多賺一點錢的爸，無視南迴公路的狹窄和斷壁，咬著牙連夜車也開，疲勞駕駛總是很容易出事。有次，爸就這樣出了事故，滿載西瓜的聯結車，翻車了。

爸想到當時的情景，心情有些激動地說：「那時我被卡在車裡，滿腦子都是妳媽，還有妳們二姐妹，尤其是妳，妳才三、四歲，還那麼小！要是我就這樣沒了，妳們三個該怎麼辦？……」於是，為了他全心守護的我們，爸拚盡了全力，爬出扭曲變形的車子，喘著氣，孤獨坐在清寒的夜色裡，全身都是血地撐著，他告訴自己絕不能倒下，為了他的妻子、為了他的孩子……。

我看到眼前的爸，眼中的淚光不只是激動，還有他滿滿的愛；讓我也忍不住哭了，哭到提前離開飯桌，躲進房間，泣不成聲。**遲了四十幾年，我和爸爸終於能夠毫無隔閡的在彼此面前，表達最真實的情緒。**

從我開始的改變，逐漸影響了我爸，家人相聚的場合，在這幾年早已沒有了咆哮叫罵，只剩歡笑。爸爸強勢了一輩子，如今在家依然強勢，唯獨對我，說話特別輕聲細語。這令我真實地感受到「一念之間」對彼此關係的影響有多大！

二〇一六年，我要到上海的一個營隊分享自己的心靈成長經驗，主辦單位希望我找出一張跟爸爸互動的照片，要放在手冊。我花了整個晚上，竟然找不出一張我單獨跟爸爸的合照，後來只找到一張去年爸爸生日時拍的全家合照。看到照片的剎那，我的心突然好痛，因為這張照片裡，只有爸爸一個頭髮斑白的老男人，身旁圍繞的，是一家老老小小五、六個女人。

我親愛的爸爸啊，他的心原本是那樣地柔軟，但為了守護我們這群女人，一輩子把自己武裝成一個強者。那說不出口的壓力該有多大啊！一想及此，就讓我心痛不已。

我忍不住慶幸：還好，我踏出了那一步，一切都還來得及……

儘管已經是近五十歲的女兒，和七十幾歲的老爸爸，但，最真實的親情，無論何時開始走近彼此，都不嫌晚。

現在，我終於可以坦率的說聲——爸，我愛您！

打通自己的心路，愛才能進得來

林秀娟

我從來沒想過，關心孩子、道德教育，會把孩子越推越遠。
直到那天，我看見了孩子的痛，也看見了自己狹隘的眼光！

說起我的大兒子，過去很長一段時間，我都忍不住要在心裡冒出一個念頭：這孩子是來討債的嗎？

我爸媽都是教職人員，父親擔任小學校長，母親是大學主任，我是父母的掌上明珠，自小接受端莊嚴格的教育，所以，二十幾歲結婚生子的我，同樣對孩子的教育非常重視。我從來沒想過，我成為母親之後，教育孩子會成為我的大難題。

用心管教，只換來一次次傷心

一九八三年，還在孕期，我就整天抱著書，對肚子裡的小生命進行「零歲教育」，第一胎呱呱墜地，是男孩。面對大兒子，我充滿期待，畢竟望子成龍的願望，哪個做父母的沒有？然而第一個挑戰很快就來臨。我的公公婆婆對晚輩的管教態度主要是無為而治、很開放，想當然爾，我老公對孩子也並不嚴格，他們與我的教育理念差異很大，通常是我管，其他人不管，導致孩子很小就懂得做錯事去找救兵，把爺爺、奶奶當作擋箭牌。

年輕時，我的個性比較衝動，擔心把孩子寵壞，因此，有次孩子做錯事，跟他講道理講了半天，他依然不聽，我狠下心把兒子關進廁所：「知不知道哪裡錯了？」一普通的小孩子，這時候應該曉得要說「媽媽我錯了」吧？可是，我的孩子卻放聲大哭，嘴裡大喊：「爺爺救我！奶奶救我！」就像是壞心的媽媽故意在虐待他一樣。

但也從那之後，公公婆婆不再干涉孩子的教育，兒子在我的努力下，慢慢變得比較懂事。當時，我心想，終於可以全心衝刺事業了。我在郵局服務，一九九〇年就考過第一次升等考，因為還想拚更高的職位，就去補習班唸書，預備考高普考，可是這一年之間，我驚覺事情不對，大兒子已經小學一年級了，但是我每天回到家，都看見老公跟兒子要不是在打電動，就是在看電視，才小一的孩子，功課就爛得一蹋糊塗，老公也覺得無所謂，兩個人玩在一起，根本不管功課。

我毅然放棄升等的機會，把心力轉回孩子身上，接著，我很快發現孩子異於常人的天馬行空。

有一次，孩子興沖沖的回來告訴我，「媽，我當上模範生了。」「你是怎麼選上的？」沒想到他對我搖頭說：「沒有選，老師問我們說『你覺得全班誰最棒，就選他。』我就自己舉手跟老師說『我覺得全班我最棒』！」就這樣，他當上小學一年級的模範生。

我非常重視孩子的教育，會定期與學校老師聯絡，有好幾次老師提醒我一些注意事項，我卻露出一個完全不知道這些事情的表情，老師很驚訝地和我說：「這些都有寫在通知單上啊！」「但我並沒有簽到任何通知單。」後來去確認才知道，天啊，竟然是我兒子自己決定那些通知單不重要，於是完全沒告訴我們，自己簽一簽名就交回去。

對於家教嚴謹的我而言，這些不守規矩的事多半很難接受，但不論怎麼叫他改，他總是故態復萌，我耗費心神努力教他，兒子卻怎樣也沒有朝著我心中「變好」的方向前進，真的不免令人灰心。

關心交友問題，倒成了勢利眼？

到國中時，兒子的成績還可以，我對他最大的意見是在交友上。偶爾他會與我分享學校的生活，而我也會去兒子的班上陪他們晚自習，這才發現他常會與成績較差的孩子往來，而且還有一、兩個是家庭失衡的孩子，做父母的人，心裡自然而然會產生擔憂，我告誡他：「兒子，要小心近墨者黑啊。」我的兒子直接教訓我：「媽媽，妳怎麼可以用成績論斷別人？我的同學都很孝順！」這方面，他竟然說得我啞口無言。

不僅僅是對我，連在生活中看到不平之事，他也會仗義直言，比如看若想要改變生命的軌跡，就一定要先從內心改變起。

到有人欺負老人家時，他會跳出去阻止：「不可以！」這樣的行為常令我膽顫心驚，深怕他過盛的正義感招來禍事！但是，不論我再怎麼擔心、再怎麼旁敲側擊的勸他「要保護自己」，我的兒子卻不為所動，像是天生有自己的意識，從來不被如我這樣的凡人影響。

這真的是我生出來的孩子嗎？這是遺傳了誰？怎麼跟我差這麼多呢——我不免有了這樣的疑惑。

國中畢業，他考上中正高中，選了理工組，成績突飛猛進，原本我們都以為他會考上他的第一志願台大化工，卻很可惜的差了一點點，但他同時被警察大學錄取了。跟兒子討論志向時，我問他有沒有想唸的科系？自幼正義感強烈的他告訴我，「有啊！我要讀警大！」警大？我腦裡立刻浮現而出的是鑑識科學系，也許我兒子將來會跟李昌鈺博士一樣優秀呢！這樣一來也很不錯。然而，兒子接著興高采烈地打碎我的幻想：「我要唸刑事警察學系，以後當刑警，打擊犯罪！」頓時，我腦海裡蹦出的畫面是：

一群警察衝鋒陷陣，我那正義的兒子，一馬當先衝出去追歹徒，持槍的歹徒猛然回頭，「砰！」

我被自己的想像嚇出一身冷汗。「不可以！絕對不可以！」

我試著轉移他的目標：「你看看，中央大學、中正大學的資訊系，應該也是不錯的選擇。」

旁邊的老公說話了：「那還是選台大吧，爸爸以前的遺憾，就是差一點，沒考上台大。」經過老公的遊說，兒子最後選擇了台大地質系。

憑心而論，雖然我有個異想天開、常常搞不懂他在想什麼的兒子，但直到這個時候的我，都依然以他為榮，認為自己的孩子是優秀的，也還能與他平心靜氣的談心聊天，互相溝通。當時我真的沒想到，這個決定徹底改變了兒子的人生，一度讓我與孩子的關係降到冰點，甚至差點決裂。

道德勸說，卻把兒子越推越遠！

二〇〇一年，我兒子踏進台大校園，閒逛著社團博覽會琳瑯滿目的攤位，台大有許多知名的學術社團，但他一個也沒有走進去，那時，肚子餓了的他聞到水餃的香味，尋香而去……

為了貪吃幾顆水餃，他一腳踩進了宗教，深陷其中不可自拔。他開始信教、極度熱衷於團契，這使我們之間關係迅速惡化、幾乎決裂。

在傳統家庭長大的我，並沒有虔誠的宗教信仰，因此，兒子竟然為了團契活動，每天都三更半夜才回家，我既憤怒又失望，在我心目中，一個本來栽培得好好的孩子，突然變了個樣子，為了外面剛接觸沒多久的信仰，他可以連家、連爸爸媽媽都不顧。

我專心致志養大的孩子，一夕之間就被「神」搶走了！這叫我如何接

受？我的反應非常大，至今回想起來，都還能感受到那時的激動。

基督教在吃飯時要念「阿門」，我一聽到兒子在飯桌上這麼做，就會冷冷的嘲笑他：「謝上帝，還不如謝我這個媽，沒有我上班、賺錢、煮飯，你哪有飯吃？」他保持沉默。

他去教會，我偷偷的跟蹤，牧師在台上講道，我在台下踢館，我舉手問牧師：「十誡裡有一條叫孝順父母，可是我的兒子信了你們的教，變得更讓我操心，這怎麼叫作孝順？」

更大的衝突，發生在兒子大一期末考前一天晚上，當晚他們在陽明山上有個大型聚會，都超過半夜十二點了，兒子還沒回家。我氣炸了，跟老公開車衝上陽明山，踏進會場，我破口大罵，當場責問牧師：「你到底有沒有顧慮這些學生的課業跟安全問題！」

我以為，自己是一心一意的要拉兒子回頭，可是，我完全沒有顧及到他的面子，兒子也不頂嘴，只會默默的把暴怒的我拉開。

我嚴厲的個性，影響了兒子不擅表達情感，
但他的內心深處對我這個疏離許久的媽媽，原來這麼在意。

失去理智的我那時並不知道，我做的這些事，不過是親手把他越推越遠。

慢慢地，兒子不再告訴我行蹤、逃避跟我見面，還換了教會，甚至到了大三的時候，他開始不回家住，每次問他：「那你住哪裡？」都回我：「同學家。」「一天到晚待同學家，打擾同學對嗎？」

面對我的質疑，他如常的沉默，我拿他沒辦法，只好乾脆讓他搬出去住。疲倦又傷心的我，面對這時候的兒子總是力不從心，無計可施，乾脆選擇放手。

脫軌的人生，只為了尋找真理？

此後關於兒子的事，我總是慢半拍才知道，同時他的學業也出了大問題。他的功課到大二以後雖然每況愈下，畢竟資質不差，最後還是考上台大地質研究所，可是，因為兒子過度熱衷於教會活動，指導教授指定的研究報告全都不能如期完成，自然而然跟學長姊的互動也不好，所以到了研究所二年級時，他的教授直接開口要求他更換指導教授。

這對兒子而言是個非常大的打擊，他辦了休學，燒光所有地質的書，發誓他這一輩子不會再碰地質。

這些事我看在眼裡，默默痛在心裡。這時恰好他的兵單來了，我想，那就去當兵磨練一下好了。沒想到，剛送兒子離開不久，我們居然接到他單位的電話，要我們去接他回來，說他：「因為某些原因受傷，這一期不能當兵……」「受傷？沒有啊？」

軍方莫名奇妙的行為弄得我們一頭霧水，後來才查出真相——原來是兒子當時的教會那幾天有個大型活動，他是總策劃人，不能在此時離開，我那鬼靈精怪的兒子，居然不知道用什麼手段弄到驗傷單，就為了逃避這一期的兵役！在父母心中，這孩子簡直是被教會洗腦，也讓我們把他行為的偏差，以及家庭中所有的衝突，都歸咎於他的信仰。

然而，我們越反對，他就越熱衷，這完全是個解不開的死結，直到他總算真的進入軍中當兵，我才鬆了一口氣。

「以後會變好吧？軍中生活總會讓他成長吧？」我安慰自己。

當完兵後一切是否真的好轉呢？當然沒有。退伍後，兒子搬回家來住，開始找工作。但因為他當初放棄了自己的地質專業，導致他等同於僅有高中畢業，一直都找不到理想工作，從新光人壽、台銀人壽、遠雄人壽、全球人壽……各大保險公司全都待過。但是以兒子的人格特質，根本不適合做保險業務員，他為了業績而跟別人交換業績，結果，我們家買了一屋子的直銷產品，他的薪水根本都不夠支付。因此，我勸兒子：「你不如考公職好了。」他表面上沒有反對，可是，我繳了高額的報名費，買了堆積如山的參考書，卻都沒有去唸，幾次反覆的徒勞無功，我放棄了。

後來，他好不容易應徵到一間待遇跟工作都不錯的公司，但是做滿三個月實習期，又被fired。**我實在忍不住打電話去人事室詢問，結果得到不出所料的答案：他把教會擺第一，工作擺第二！**

接下來，他幾乎什麼不需要特殊專長的工作都做過；當保全、送羊奶、送快遞……兒子唸到台大研究所，找的卻竟然都是這些工作，我這個做母親的情何以堪？這真的是我幾次放棄升等考試，苦心栽培的兒子嗎？

我不死心的問他：「你的人生到底在追尋什麼？」

他說：「尋找真理。」

我真的難以理解，我們之間巨大的鴻溝又出現了，「真理」可以當飯吃嗎？這麼大了還無法讓爸媽安心，這就是他所追尋的「真理」嗎？但是，怎樣的溝通都沒有用了，我只能心痛他的執迷不悟。

我執意要拉兒子回頭，
顧全自己的面子，卻完全沒有顧及到孩子的面子。

回頭自省，關心到底出了什麼問題？

我不再問他，我去問其他人，我問我自己。

我問爸爸為什麼會這樣，我爸嚴肅的說：「妳教育失敗，把小孩教成這樣」；我問在大學任教的弟弟跟弟媳，他們說：「妳兒子自我放棄」；我問我老公，他沉默，無奈的對我搖頭。

最後，我問我自己：我是不是一個很失敗的母親？我是不是一個失職的母親，才會把兒子教成現在這個樣子？在普世價值裡面，的確如此。我也深深的引以為恥，這是我一路順遂的人生中，最大的失敗跟恥辱。

十幾年來，我跟大兒子幾乎沒有互動，可說是放棄了這個兒子，但是嘴巴說放棄，心裡真的放棄得了嗎？含辛茹苦養大的孩子，從他牙牙學語看到長大成人，怎麼可能說不在乎就不在乎？這就是我痛苦的根源。我時常祈求老天，是不是可以指引我這個媽媽一條明路？

二〇一一年，在一個很偶然的機會，我參加了企業主管生命成長營，在這個營隊裡，聽見許多生命故事的分享，**我逐漸理解，若想要改變生命的軌跡，就一定要先從內心改變起**。

但是，對於這麼一個已經長年不溝通，而且又像是來對我討債的兒子，我真不知道該怎樣才能開始改變。

長久以來，我竟然看不見他的痛！

營隊結束後沒多久，某天大兒子肚子痛，他自己去掛了急診，結果是大腸組織病變，必須立即開刀，他才不得不打電話給我們。進手術室沒多久，醫生就出來了，醫生說：「妳兒子的腸子都腫脹變形、爛到發黑了！

會爛到這種程度，應該是已經痛了很久、很久，為什麼妳兒子都沒有說呢？這太嚴重，取出的腫塊要再做化驗，才能確認是惡性還是良性。」聽完醫生的話，我當場哭了；什麼時候起，我們變成這樣的形同陌路？他生命中遭遇這麼大的痛苦，做母親的我完全不知道。

我終於開始反省：「為什麼？為什麼要永遠聚焦在他不如我意的地方，我是不是從來沒有了解過他要的是什麼？我是不是一味的要求他要按照我的希望去生活？」

念頭轉了，我豁然開朗。我是如此的痛苦，但我想，他同樣也不好受吧！在他最徬徨的時候，最親的爸爸媽媽都不挺他，在他最無助的時候，還有誰能幫助他？所以，他才會忍著身體的疼痛，硬撐到最後一刻才不得不通知爸媽。在他手術取出腫塊後，等待化驗結果的那星期，每分每秒都是煎熬，我心裡多年累積的氣憤，統統轉為懺悔。

我對不起兒子，是我這個媽媽，自己親手把兒子推得太遠、太遠了！

我真的很害怕，也很擔心，我還有沒有時間、還有沒有機會，可以好好告訴我的兒子：

孩子，媽媽其實真的很愛很愛你，對不起，是媽媽愛你的方式錯了……

人在最無助的時候，唯一能做的就是求神拜佛，求佛菩薩保佑，我在這種情境下，忽然稍微理解，為何有些人會需要那麼堅定的信仰，因為，世上的每一件事，真的並非都能由人力所控制。

幸好，化驗結果出爐，腫瘤是良性的！感恩老天給了我機會，讓我能夠去修補我跟我兒子之間，長年遺失的那一份母子情誼。

跳脫原有眼光，優點便鮮明了起來

我開始努力反省自己，努力思考兒子的優點。記得我在企業營的時

一昧執著於世俗的功名成就，
少了一雙發現美的眼睛，當然看不見美好的事物。

候，有位藍醫師分享，他說，他叛逆的兒子都會罵他五字經，反觀我家，每次都是我生氣大罵，兒子從不回嘴，因為他不想頂撞我、不想忤逆我，這是他很大很大的優點。**越想，另一個我從來沒有注意過的兒子形象，突然鮮明了起來。**

十多年來親子疏離，並沒有造成他反社會人格，他還是那個溫和堅定又有正義感的他；雖然他的工作總是不理想，但他也肯自力求生，並不選擇躲在家當啃老族；他對爺爺奶奶很孝順，對左右鄰居也都很有禮貌。其實，兒子即使沒有頂尖的成就，但他的本質仍然是個好孩子。

雖然想通了，但或許是長年以來當慣了嚴母，我不知道怎樣跟我的兒子開口，所以，我決定用寫紙條的方式。

還記得我第一張貼在他門上的紙條是這樣子寫的：「兒子，你的房間太亂了，空氣不好，對身體很不健康。你少年不養身，你老了就要養醫生。趕快把房間清一清吧！」結果下班回來，他果然把房間清乾淨了。可是男孩子總是這樣……沒多久房間又亂了，我就再寫：「兒子，清清房間吧！亂七八糟，把你的好運都擋掉了。」

事後再想起這件事，我都慚愧了——我真是一個非常不懂得表現慈愛、非常嚴厲的母親！我在懺悔反省那麼久之後，決定主動與兒子握手言和，結果告訴兒子的第一句話，竟然是叫他要打掃房間？不得不感謝我兒子的柔軟，他在這樣的情況下，一聲不吭的乖乖打掃了，他知道，媽媽是為他好。

透過不停的學習和心念轉變，兒子回家的次數增加了，或許，他認為這個家對他而言已不再那麼冰冷。我問過兒子：「你有沒有發現，媽媽有沒有什麼改變？」兒子說：「有啦，不會再大吼大叫了。」「就只有這樣嗎？」他酷酷地回答我：「只有這樣？這樣子已經變很多了！」他說得我既無奈又想笑，還有些心酸。**我好像直到這時候才開始慢慢認識他這另外一面，我的一點點調整，對他來說已是很大很大的轉變，這是一個多容易**

滿足的小孩啊。我以前只看得到小兒子的貼心，現在我才知道，大兒子並不是不知感恩，他只是不懂表達，別人即使給他一分的好，他都會默默放在心裡。

用愛溝通，冰牆也能融化

有一天，我無意間進到他的房間，看到他把我寫給他的紙條，全都整整齊齊的收好，好像這些是什麼了不起的寶貝。我握著這些紙條，百感交集……**因為我嚴厲的個性，其實也影響了兒子不擅表達情感，但是，他的內心深處對我這個疏離許久的媽媽，原來是這麼在意。**

有人說，我們的心是一條路，叫「心路」，心開，路就開。四年前，他告訴我，他要轉到靈糧堂去，這個教會有許多當義工的機會，他非常積極去參與，包括當輔導老師，主要輔導對象是從教育局跟社會局轉介過來的弱勢兒童。兒子的優勢一一顯現出來了，他各門功課都非常好，甚至連音樂、體育都能教，他把學生都帶得很好，不久，他就通過考核，成為教會的全職人員：**他終究選擇了他的信仰，作為他終生的職志**。

當然，教會的全職人員薪水並不高，他跟他弟弟兩人加起來的薪水都還沒有我多，但是，這有什麼關係？兒子找到了他該走的路，他不再渾渾噩噩、隨波逐流，他每天的工作都充滿成就感。

他轉到靈糧堂，我也學習廣論一段時間了，我不再像過去那樣一聽到「宗教」就反感，並且逐漸明白，好的宗教背後同樣是在勸人為善，可說是殊途同歸。**或許是大兒子也感受到我的態度軟化了，他也慢慢的願意與我談心，我們兩人之間長達多年的冰牆，在雙方的努力下融化殆盡**。正在學佛的我跟兒子有了交集，形成很多有趣畫面：

吃飯的時候，他念「阿門」，我就念供養文；他謝耶穌基督，我就謝諸佛菩薩，反正有飯吃就該感恩；佛教講「無限生命」，基督教講「信耶我反省著：「為什麼要永遠聚焦在他不如我意的地方，我是不是從來沒有了解過他要什麼？我是不是一味地要求他按照我的希望去生活？」

穌，得永生」，我們會彼此討論，訴說自己的觀點；他和他女朋友，每天都LINE一篇聖經給我，我偶爾心血來潮，也回敬一篇佛經。除了宗教信仰，我們也談時事、談新聞。這才知道，他分析道理分析得那麼透徹，可以說得頭頭是道，令人信服，為什麼我以前都沒有發現他如此優秀呢？

過去，是我的眼睛被蒙蔽了，只執著於世俗的功名成就，沒有一雙發現美的眼睛，當然看不到美好的事物。我和大兒子兩個人，彼此在對方的生命裡，都有各自的功課。就我而言，我真正學會了包容與轉念，他信耶穌，我學佛，那又何妨？歸根究底，善心與善念並沒有差異。

以前，只要我同事聊天提起他們就讀台大、清大的兒子工作多傑出、薪水多優渥，我就會安靜的離開現場，根本不願意接受自己的大兒子居然在送羊奶、當保險業務！**可是現在，我已是全然放下，不再避談他的工作，因為，我對「望子成龍」四個字的定義，完全翻盤。**

我兒子已經找到終生願意為之奉獻的志業，儘管不是世俗眼中的鐵飯碗，但他所能獲得的心靈財富卻受用無窮，他在這樣的年紀，就能充分理解追求物質不如追求心靈的道理，這令我自豪。

現在，我會毫不遮掩的告訴同事：「我兒子已經投入了靈糧堂的工作！」

包容與尊重，才能拉近彼此的心

前年，我兒子在士林靈糧堂結婚，在整個結婚的感恩禮拜過程中，我看到來自偏鄉各地不同的小朋友對他的感謝，也看到教會裡弟兄姊妹們對他的稱讚與祝福，我看到我兒子既陌生卻又光彩照人的一面。在感恩禮拜的最後，兒子將一束花獻給了我，他當著所有賓客的面，侃侃而道：「我要謝謝我的家人，尤其是媽媽，因為，我的叛逆期實在太長了，一直到二十七、二十八歲。媽，謝謝您，謝謝您接受我的不完美，謝謝您包容我的不完美，這些年我知道您的用心，您辛苦了！」

這番話說得我九十多歲的公公、我老公、還有我，三人哭成一團。

這真的是好長、好長的一段日子啊！還好，在我終於學會轉念的當下，它們終究隨風而逝的散去了。

至於他一路跌跌撞撞走來，至今是否真的找到了真理？如今我再問他，他說：「是的，找到了。」

我充滿好奇：「真理在哪裡？」

「媽，真理在《聖經》裡。」

哈哈，那一瞬間，我也找到了我生命中所有的答案，當然，我的答案不在聖經裡，而是在充滿智慧的佛典裡。**我們彼此的心，各自找到了平和，也擁有生活的動機，更清楚的知道了我們心的方向，我想，這已經彌足可貴。**

故事到了尾聲，我找回了遺失多年的親情，不擅言詞的兒子雖然還是不常直接對我表達關懷，卻與我日益親近。但是，這一切會不會像童話故事所說的——從此過著幸福快樂的日子？當然不是！就拿前些時候發生的事來說，二〇一七年的母親節大兒子跟媳婦本來答應要請我吃飯，然而，直到過了晚上八點鐘他們依舊不見蹤影，我氣壞了，小兒子趕緊出去買了麵回來，大家隨意吃過後，我生著悶氣進書房不再出來。八點半過後，大兒子和媳婦兩人終於提著蛋糕回來，敲門請我出去吃蛋糕，我怎麼樣都不出去，導致媳婦夾在其中，十分為難。

然而，賭氣沒多久我就後悔了。兒子媳婦他們為何遲到？其實並不是他們自己出去逛街看電影，他們是在這個特殊的日子，犧牲自己陪伴家人的時間，去籌劃活動、發揮大愛溫暖那些弱勢單親的媽媽們；反觀我，只要兒女都孝順，我就天天都在過母親節，又為何要執著於這一時呢？這麼一想，負面情緒在我身上也停留不久，兩天後，我主動作東邀請兒子媳婦，一家人盡釋前嫌，又開開心心上館子吃飯去了。

生命是一堂、一堂待學的功課，
唯一能令我披荊斬棘的，是那已在心中牢牢扎根的平靜與智慧。

「生命是一堂、一堂待學的功課，直到學會為止。」可不是嗎？一次又一次的挑戰，不知何時會降臨，唯一能令我披荊斬棘、真正學會的，就是那已在心中牢牢扎根的平靜與智慧。

用「心」打造企業的幸福任務

幸福，是人與人之間沒有爾虞我詐，
只有真心無私的利他與相互合作。

鄭義仁

「這次，我重新再來一定要把這件事情做好，不要再讓公司同仁繼續在外面流離失所了！」

我是鄭義仁，公司同仁或認識我的人都叫我Peter。

一九九六年，我與哥哥白手起家創立中美強科技公司，它是一間專門生產安全監控系統的老字號廠商，現在已走過二十二個年頭。景氣最好時，我的員工達一百多人，在海外還有四家分公司。然而，世事變化往往來得讓人措手不及，二〇一六年「中美強」面臨重大經營危機，雖然有很多人並不看好，但我們還是很幸運的撐過來了，度過最艱難的時刻。

過去，我曾有過風光的一面，卻因為經營管理不當，在面對中國廠商崛起時，企業轉型太慢，導致最後公司必須縮減人事，讓許多跟著我十多年，家人似的老員工失去養家活口的工作。

我對不起他們，也對不起一直相信我的股東。

現在，我決定鼓起勇氣分享這段生命中最痛苦、挫敗的經驗，想藉由我的分享，感謝一直鼓勵我，教會我勇敢面對逆境的股東跟親朋好友，學習用光明的心，看待事業上的磨難，記取慘痛的教訓，重新再站起來。

沒有幸福企業？那我就來創造

從年少時期，我就一直覺得自己是個熱血青年，充滿理想與抱負。自中興大學森林系畢業後，我滿心期待有機會一展長才，為國家社會奉獻一點心力。我對本科系的工作實在沒什麼興趣，當時正好有家上市公司在徵行銷專員，就跑去應徵了。或許因為我的人格特質充滿積極性，那次很順利地從五十多個應徵者中脫穎而出，得到了工作機會。

剛進公司時，憑著一股初生之犢的熱情，我一個人身兼多職，不但每天都忙得不可開交，還常常利用週末去公司主動加班，儘管如此，我從沒有怨言，我太熱愛工作，熱愛那家公司了。當時，我甚至立下要為公司效命直到退休的目標。但我萬萬沒想到，這個豪語過了沒幾年的好光景，就宣告破滅了！

隨著實際工作越久，我越理解自己有多麼天真。在這個過程中，我發現原來上班並不是認真完成工作就好，還須要與主管、同事往來溝通。很多時候，即使我真誠待人，也會莫名的捲入勾心鬥角中。我還注意到，一家公司的根基其實是一群在角落默默付出、腳踏實地工作的員工。可是由於他們不懂得討好主管、同事，以至於升遷或加薪的機會幾乎不會輪到他們，他們永遠是被犧牲掉的一群人。由於每個人——不論是員工、企業老闆，都想獲得自己的利益，但這樣的出發點，到最後每個人就容易不擇手段。

「為什麼學生懷著滿腔熱情離開學校，進入工作職場後，就得承受這樣的惡劣企業文化？為什麼企業不能像學校一樣，大家都相親相愛，不需要做表面功夫，老闆對部屬們都是無私的教導呢？」

我始終不明白也想不通，努力找了兩、三年，居然都找不到一家如同期盼中那樣的「幸福企業」。幾經思考後，我決定自己出來創業。

我心想，既然沒有現成的，我就自己創造一個。我哥哥聽了我的想法很支持我，也願意與我一起成立「中美強」。當時，我對自己經營企業的目標與能力自信十足。因為自己在第一家公司待了八年，自覺很能夠體會受薪階級在主從架構之下的無奈。我覺得員工心裡在想什麼，基本上我都知道，因此我由衷期盼著公司成立後，能實現心中所企盼的——和諧歡樂的工作環境。

沒想到，這樣的理想實踐起來卻是困難重重。我常常和員工分享：「我想要建立一家幸福企業，希望你們都能夠照著這樣的規劃往前走。」然而，不論我費盡多少心思與口舌，總是白費力氣。印象中，每次開會、討論公司事務時，每個人都想爭取發言，誰也不讓誰，誰也不想聽別人說話，有時甚至還會拍桌子吵架。這些畫面我全都看在眼裡，我感到很挫

幸福，是人與人之間沒有爾虞我詐，
只有真心無私的利他與相互合作。

折，也很難過。

我想把「中美強」經營得很成功，卻始終尋找不到方法。白天面對同事們的不諒解，晚上時常憂愁到睡不著。長期下來，身心不斷累積的壓力令我快喘不過氣。有一天下班回到家，我既挫折又無助地和太太訴苦。靜靜聽完我的抱怨後，她問我要不要去參加一個專為企業主管主辦的生命成長營？「或許你會在那裡找到答案」她說。當時，心力交瘁的我沒有多想，馬上就答應她。

那次，是我自己開車去參加營隊，車子才剛下交流道，接近活動現場，我就看到一群身穿黃色背心的義工在指揮交通。當下，內心就被深深打動。瞬間我立刻感受到，這個環境和我想建立的幸福企業是一模一樣的——**在人與人之間，沒有爾虞我詐，只有真心無私的利他精神與相互合作。**

狂熱的行動力，不能造就影響力

在營隊的課程中，我聽到「觀功念恩，代人著想。」這八個字時，覺得非常高興。我心想，這就是化解所有爭執的方法啊！因此營隊結束，一回到公司，我立刻把所有的同仁都召集到會議室，和他們分享我在營隊得到的收穫。我很興奮，講得口沫橫飛，幾乎忘了時間。

我很急切，拚命想與大家分享這些觀念。遇見員工的想法跟我不一樣時，我就會嘮叨地跟他一直講、一直講，講到他投降為止。有一次，我甚至對一位同仁說：「你人緣會這麼不好，一定是你過去生害了很多人。」那段時間，回想起來，有許多同事跟我談完話後都哭著走出辦公室──或許其中有少數幾個人是太感動而哭的，但我想絕大多數的人都是因為被我批評得體無完膚，太難過的關係。

我強硬地把公司幹部一個一個全都送去參加企業營。當時我認為，既然和你們講你們沒有辦法理解，我就用行政命令把你們每個人都送去上課，等你們參加完營隊就會理解我的苦心了。進一步，我還在公司舉辦心靈成長講座，時間一到，我就會跟在同事後面說：「趕快到六樓去喔，講座要開始了，六樓！」然後全程坐在那裡監督同仁有沒有參與。

當時每位同仁都被我逼得苦不堪言，我自己完全沒有察覺到，就只有我一人興致高昂地樂在其中，渾然不知自己正一步步促成彼此更大的對立。

向來關心我的如倫法師見狀後，提醒我：「**你要用自己的行持跟德行來推動這件事情啊。**」

我聽了一愣，疑惑的問法師：「什麼是行持跟德行？」

法師回答：「**話講少一點，多做事，以身作則！**」

從那之後，我開始練習，盡量讓自己多做少說。沒想到，這樣做之後，得到的結果完全出乎我自己的意料。我和同仁之間的緊張關係有了很大的改善。原來過去之所以會有這麼激烈的反彈，是因為連我自己都沒做到的事情，卻一股腦兒要求別人做。「要改變他人前，要先改變自己。」原來這麼簡單的道理我自己根本沒有學會，才會用這麼沒有智慧的方式去對待同仁。

漸漸的，我學乖了！要和同仁溝通時，我會先帶他們到公司後面的綠園道散步，在風景美、氣氛佳的狀態下談話。幾次溝通之後，我常常感到很愧疚，原來同仁們都是那麼善良、單純認真，為什麼自己過去會選擇以高壓的方式來溝通？就這樣，透過自身的反省、改變，公司的同仁慢慢受到了影響，工作的氣氛也改變了。大家的相處也變得像家人一樣自然。儘管我常出差不在公司，所有人依舊如常工作。偶爾，產線同仁做的東西有瑕疵，需要再重做一次。因為可以多領加班費，我以為他們應該要感到很開心才對。但很不可思議的，竟然連續幾次我都看到同仁露出很惋惜的表

我一人興致高昂地樂在其中，
渾然不知自以為的善意正一步步促成彼此更大的對立。

情，直說：「很捨不得！又要浪費公司的資源，要再多做一次。」

一般企業籌辦教育訓練，多半是為了提升員工的專業能力。可是我的想法不一樣。**比起培養能力，我更希望能建立同仁們正確的價值觀，包含：感恩、孝悌、利他等**。如果我的員工都擁有這些美好的特質，想必在人際互動上就能多份體貼，減少不必要的爭執。**所以，我想藉由在公司舉辦共識營、感恩日、寶貝成長營等活動，引導同仁看到他人的辛苦，慢慢欣賞他人的優點**。

意外的，這些想法、做法獲得許多員工的正面肯定。

還記得，有位同仁告訴我：「我在公司已經工作十幾年了，本來是看不到大家的優點，透過活動才發現：原來他們比自己想像的更不容易、更偉大！尤其是生產單位的同仁。平時鮮少機會和他們互動，可是每次聽到他們在感恩日的分享，心裡就會非常、非常的感動……」

每次我聽到同仁的分享，都會感覺這些分享就像是一個個生命學習的

收穫，也是一股不斷向前延展的正面力量。我們自己從一點一滴的改變做起，透過自己的努力，希望這個世界可以變得更美好。

大環境的無常考驗，堅定良善利他的初心

歷經十一年的努力，「中美強」已不只是一間公司，更是一個大家庭，離我當初期待的越來越接近。不料，一場突如其來的大浪來襲，將它沖得載浮載沉，一度快滅頂……

二〇〇八年，全球金融危機爆發之後，「中美強」最主要的歐美客戶消失。我們頓時面臨財務危機，中壢廠不得不進行裁員，甚至撤廠。隔年，為了公司最後一線生機，我到歐洲尋訪客戶，卻在義大利米蘭行李遭竊，遺失護照和所有重要資料。

事發當下，我悲愴地想著：完了！完了！「中美強」沒有機會了！但

說也奇妙，隨後心中立刻現起一個念頭：「不，我不能放棄，一定還有機會的。」於是，我升起另一個想法，讓自己繼續前進的力量就這麼來了！後來，經歷了很多困難，我從機場到米蘭外事警察局，再到外交部駐羅馬辦事處，既忐忑又無助地來回奔波。尤其在等待辦事處回應的期間，我心裡都在想：是不是地球沒有在轉動了，時間過得好慢好慢。那時候，我什麼事也做不了，只能雙手合十，不斷地向上蒼祈禱，希望得到諸佛菩薩的加持；祈願「中美強」可以順利度過這場風雨。

等待的過程中，**我真實的體驗到，趨勢的變動與人生的無常，真非人為所能控制，渺小卑微的我只能盡力做好該做的事情**。就這樣，我等了好久好久。終於，讓我等到了好消息——外交部駐羅馬辦事處願意發給我臨時護照，我終於可以動身前往羅馬機場了！這過程讓羅馬辦事處的官員感到非常驚訝，問我：「這是怎麼辦到的？」因為當天是星期六，我從米蘭搭火車到外交部駐羅馬辦事處辦理臨時護照，順利取得臨時護照後就趕去羅馬機場搭最後一班飛機前往比利時，前前後後竟然只花了七個半小時。

那次拜訪歐洲客戶後，陸續有認同我理念的新股東出現，我也籌劃購買新廠房，暫時從這次的風雨中挺了過來。

好不容易稍稍喘息了一口氣，沒想到，隔沒幾年，一場名為：「紅色供應鏈」——規模更大、威力更強的風暴粗猛地朝我撲來，並且逐步瓦解台灣電子產業鏈。

在短短十年中，中國政府全力扶植當地的企業，提供給他們很多的資本與補貼。當年的初期產業供應鏈，很快地茁壯成為全世界最大的「紅色供應鏈」在全球市場攻城掠地，徹底打趴台灣、日本、韓國、歐洲等國家的企業。

我們當然知道自己要趕快轉型，但面對來勢洶洶的中國企業，根本無法抵擋。同樣的產品，對方的售價就是我們的成本。以「中美強」現有的規模和轉型條件，簡直就像小蝦米對抗大鯨魚。我記得很清楚，早在二

少說話多做事，以身作則，
要用自己的行持跟德行帶動旁人！

〇〇六年時，如倫法師就提醒我，經營企業要永續經營，必須考慮到未來的環境變化，試著模擬未來可能的變化，再反推回來思考，現在要做什麼的調整與改變。他告訴我，想打贏這場硬仗，唯一的辦法是積極研發新的產品，和時間賽跑。

二〇一五年農曆年過後，委託「中美強」代工、設計、製造的客戶陸續跑掉了，我們的公司經營立刻遭遇了第二次的危機……。雖然我很早就預料到一定會有客戶跑單，但實在沒有預期會來得這麼快。更沒想到，新產品開發與轉型竟然需要花這麼久的時間。

在這個過程中，好幾次開董事會時，董事會的董事們都叫我裁員，因為他們都了解大環境是越來越糟了，可是我只要想到那些就像家人的同仁，他們是如此真心地為公司著想、如此地信賴我，便一再地說服董事不要裁員，要相信我。**我告訴自己：一定要好好的守護這個好不容易建立起來的大家庭，一定要好好的保護好我的家人。**

面對大環境的不確定性與財務壓力，我也有內心搖擺的時刻，因此，我也向一直持續不斷關懷我、給予我各種協助的法師請示：該不該裁員？法師對我說：「如果撐不下去，還是要以大局為重。」但我的心還是放不下，我覺得我的同事們每個人都那麼好，我怎麼捨得請他們離開？

我想著，從公司創立以來，我努力把所有的員工當成兄弟姊妹。我想保護每一個人，雖然這裡的薪資待遇可能不比其他公司高，但在這個環境中沒有爭吵、沒有計較、沒有勾心鬥角的職場惡習。如果這些老實善良的員工離開了，他們要去哪裡？所以，我再怎麼辛苦，都想要保留員工的職位，我拚了命找方法、找專業顧問，做了很多嘗試。

然而，無論做了多少努力，還是枉然。越來越多人苦口婆心地勸我，一定要裁員。法師也對我說：「如果大船真的保不住了，你必須要保住救生艇。」

我咬緊牙關地撐到最後，直到我警覺到再不裁員，整艘船都要沉了，我才開始做大幅人事緊縮。

在那段艱辛奮鬥的過程中，公司同仁不但沒有任何抱怨，反倒是安慰我，給我很大的力量。他們告訴我：「您一定要堅持下去，因為我們以後都要靠您了！」**其實同仁都不是善於言詞的人，即使他們的心裡都很忐忑不安，依然願意信任我；願意和我站在一起，一路陪著我走過來，甚至接受減薪，繼續留在公司幫忙。**

有段時間，我和太太常常開車開到一半就哭了……，我們哭泣流淚，並不是想到自己身處困境的痛苦，而是對於我的老師、法師與公司同仁，還有一直幫助我們的股東和親朋好友的感恩，想到這些人會突然覺得自己不孤單，鼻子就開始酸了起來！

從一百多個人到只剩下十幾個人，看著空蕩蕩又靜悄悄的辦公室，我的心好痛。我常在想，如果我早一點裁員，也許現在就不用那麼辛苦。**會走到今天這種局面，就是拖太久了！早在三年前就有徵兆，而我卻硬是拖**

了三年。原因很簡單：我不想拆散這群人；我不想讓我的同仁失去工作。

在那段應該是緊縮的時間，我卻開源，積極投入很多錢做研發，還去好幾個國家設分公司，我過於樂觀，想要扭轉乾坤，卻失敗了。

縮編之後，看著空蕩蕩又靜悄悄的辦公室，我的心好痛，好痛。

對不起，是我搞砸了一切，把「中美強」毀了！

對不起，我的公司同仁們，

對不起，我的股東和所有過去一直相信我的人。

儘管善法事業的目標是正確的，但作為一個公司的負責人，我在世間的企業經營管理能力、財務分析能力一定要再學習，否則即使有再好的企業文化，如果沒有辦法讓一家公司具備永續經營的競爭力，縱使有再美好的願景，也是徒然的。

我暗暗告訴自己，我一定要更努力學習。這次，我一定要把這件事情做好，不要再讓公司同仁繼續在外面流離失所了！

歷經多年種種艱辛，我理想中的幸福企業成形了，
然而最讓我感動的，是無怨無悔支持我的員工。

苦難賜予的禮物，互助與勇氣

過去，我們所有的員工大家都分散在各個層樓，各做各的，現在縮編之後都坐在一起，當抬頭一望、電話響起時，就會馬上知道對方在忙些什麼事情，是否有需要幫忙？正因為坐在一起，接觸的時間變長了。不但疏遠感降低，互相感謝、互相關心的機會變多了，彼此有更深程度的理解，大家合作起來的感覺就變得非常不一樣，突然間，公司充滿祥和與溫暖之氣。

我想，在困境中大家能同心協力朝著同樣的方向前進，十分難得可貴，而我也看到這個正向能量在公司蔓延開來，每個人都在為公司默默地付出，卻不求任何回報。

舉例來說：公司有一位同事小李家住台北，原本住在外面，最近搬進

公司五樓。前些日子，我太太和守衛施大哥閒聊，不經意地提到，「現在天氣越來越冷，小李住在公司，晚上應該會比較涼一點。」過了沒幾天，她就看到小李提著一大袋的東西爬上五樓，我好奇地問：「你什麼時候回台北的？怎麼從台北拿了一大袋東西回來？」沒想到小李竟回答：「這是施大哥拿給我用的電暖器。」

其實我太太根本忘記自己曾講過那段話，但卻被守衛大哥牢牢記住了，在寒冬中，為同事送來溫暖的電暖器。**這樣和睦互愛的企業家庭氣氛，就是我長久想要在公司中建立的文化啊**。

現在公司的同仁，大部分都是在公司工作十幾年的資深主管。可是他們身上，卻看不到一絲主管的傲氣，反倒多了更多體貼。就舉前幾天看到的例子吧！有一位主管，每天一大早就到辦公室。有時候看到廁所地板髒了，他就會主動把地板擦乾淨，清理廁紙，因為他們並不會覺得自己是主管高高在上，而是覺得自己是這個家的一分子，想要主動的為家裡多付出點什麼，讓這個家變得更好。

這些點點滴滴的小事都讓我非常感恩與感動。我常常想，眼前這些畫面，不正是長年下來，我所渴求的嗎？如果不是這些困難、挫折，我們怎麼會擁有這些呢？

經歷了這些，我更明白，逆境時所流下的每滴淚水，都讓我擁有更大的勇氣，學習用更光明的心，迎接生命的各項挑戰。

突破困境的核心力量，還是「善」念

曾經，我感到很迷惘，我對公司同仁那麼好，平時更做了不少好事，待人寬厚，為什麼會遭逢種種的挫敗？公司面臨經營危機，裁員近百人。然而，我的不解與無助，透過信仰與經典的智慧，漸漸地找到了答案。我聽見，我的老師日常老和尚說：「認識佛法後，了解今天所受的苦，都是以前自己造業所感的。」所以我要忍受。所謂「觀業忍受求加持」——現在的我不但不要再因循舊習，而且要努力扭轉。我想，既然過去我利他（為他人著想，也為消費者著想）的心還做得不夠圓滿，也不善於企業經營，才會得到這樣的結果。我應該深深懺悔，珍惜眼前的機會，常常練習利他之心。

我太太曾經與我討論過：帶領我們經營善法事業的法師和老師，到底希望我們在「中美強」做什麼？是把這個事業做好嗎？還是希望我們把這裡當成修行的道場，不斷地在這裡提升自我？我們很感恩在最困難的時刻，法師不斷的提策與鼓勵，要我們用「業果」的角度來面對問題。每每想起這些，我們內心的信仰就變得更加堅定。

舉例來說：曾經有一年，有一個公司很重要的客戶，但後來也因為紅色供應鏈跑掉了。他們有一筆要匯給我們的貨款五〇萬美金，被假冒我們名義的駭客騙走，讓他們把錢匯到香港。我們知道後真是感到五雷轟頂，

逆境時所流下的每一滴淚水，都讓我學習用更光明的心，
迎接生命的各項挑戰。

顧不得屋漏又逢連夜雨的沮喪，趕緊去報了案，但錢卻追不回來了。從法律層面來說，我們當然可以要求客戶再匯這筆錢的，可是當我去和這家客戶的主管談時，對方希望他們公司付三成，七成我們公司吸收——等於「中美強」根本沒有收到錢。這些主管說，如果不這麼處理，他們可能會被開除。想到對方被騙的無辜與為難的處境，我也答應了，幫他們吸收了將近九百多萬元的損失；會做出這樣違背生意立場的決策，就是因為我們想要貫徹善法的企業理念，也想要落實代人著想的做人道理。

又譬如說，二〇一七年上半年，我們有機會接到一筆三千萬台幣的訂單，可是因為那是一個線上賭場的標案，所以我毫不猶豫地拒絕了。客戶知道以後非常生氣。然而線上賭博的生意違反了我們經營善法事業的根本原則，就算我們當時很需要訂單，也不能因為我們需要賺錢，就鼓勵人們參與線上賭博，敗壞社會的風氣，錯導他人走上人生的不歸路。

像這樣，用事情的因果及思考後續效應是善是惡的角度來看待問題，

從前覺得是困難的選擇，現在也漸漸變成了容易判斷的事情。

我記得如倫法師曾和我講過，他說：「一個人學佛是否入心，要看他面對境界的時候，境界來臨的時候才是考驗智慧與修行的時刻。」這句話讓我很受用。這些年來，法師幫我們找好幾位專業、企業經理人，我們自己也去找了好幾位專家，想要化解我們面對的大環境難題。不過這些專家教導我們的經營方法，大部分都是傾向於功利思維的世間法。這些幫助我們解套的策略，雖然可以暫時幫助「中美強」解除問題，但仔細思考之後便會發現那都不是究竟解決之道。最後，真正能讓我感到心安，帶領我克服各種境界難關的，還是平時法師不斷教導我的「佛法的理路」。在闖過一關又一關的考驗之後，也一再的證明這些「善法」理路，才是企業得以長遠經營、獲得善果的究竟之道。

過去的「不可能」做到了，未來也一樣會做到

什麼是成功？什麼是失敗呢？

如倫法師曾勉勵我說，儘管外相看起來我們不是很成功，但事實上我們已經成功了。他以孔子為例：「從世俗功利的眼光來看孔子的一生，示現的似乎沒有成功，可是從教育、影響後人以及佛法造業的的角度來看，孔子的一生對這個世界的貢獻是非常巨大的。」

這給我很大的勉勵。

我知道去做理想中的善法行業，是一件蠻辛苦的事情。但是正因它有無比的價值，因此，它給了我無比的勇氣，也為我帶來了許多的成長、許多貴人、許多的福氣。

現在，「中美強」的「人工智慧主動式安控管理系統」好不容易已整

合完成，我有一個重頭再來過的機會，我一定要記取之前慘痛的教訓，好好學習企業經營管理、財務分析的能力，讓這家公司更具備長遠的競爭力以永續經營。

海倫凱勒曾說：「機會來的時候，總是哭喪著臉。」以前我總認為，認真學習經典，生命好像就不會遇到困難，似乎所有問題都能解決了。**直到公司經營發生問題後，我才驚覺事實並非如此。學習經典的目的，並不是為了不讓困難出現，而是，在面對困難的境界時，如何把經典的內涵確確實實地實踐出來。**

當一個人面臨困境時，平常人是不太敢靠近你的，可是我是多麼幸運，就因為對佛法的學習、走對了善法之路，才得以擁有這麼多朋友真實的陪伴與鼓勵。

雖然我面臨了那麼多難以掌控的無常變數與重重難關，這是很多人避之唯恐不及的人生經歷，但我卻反而更因此肯定了我的選擇，正因為有了

一個人學佛是否入心，要看他面對境界的時候，
對境才是考驗智慧與修行的時刻。

這些磨練，才更能驗證經典中教我的真理，讓我更堅定最初的信念——

我要經營一家幸福企業，生產良善的商品。

過去，別人認為的不可能——公司同仁不可能像家人、不用商業獎懲模式是不可能激發員工上進心的；但我做到了。而現在，我也相信別人眼中的另一個不可能——用善念經營的企業不可能賺錢；我，一定也會做到的。

在教書的路上，當一個幸福的傻子

關愛不是上對下的教導，
必須努力攀越講台與課桌椅間那一道看不見的牆。

王朝興

我永遠無法忘記，當手裡捧著全班同學送給我的感恩小冊子時，心裡那種激動的心情。一位站在台上做期末報告的同學對我說：

「老師，你知道嗎？在我們的成長過程中不缺少會說教、一直說道理的老師，我們真的遇到很多，但我們更需要的是願意傾聽的老師，而你就是願意傾聽的那一位。」

我沉默許久，努力壓抑激動的心，想起自己在學期初所遭受的委屈、打擊，到最後同學的轉變，忽然，眼前一片模糊。

親愛的孩子，老師好想對你們說聲：「謝謝！」因為你們給我諸多的考驗，才讓我有機會脫掉這一身老師形象的偽裝，脫掉皮鞋、西裝，放下身段，赤手赤腳走進你們的世界。

我真的要過「胡、椒、鹽」人生嗎？

我任職於彰化師範大學電機工程學系，主要教的是電路學、數位邏輯實驗等科目。從小，我就很喜歡收集汽車模型，總是能夠把壞掉的東西修理好。學校的老師都跟我說：「你有理工的頭腦，要好好讀書。」這些經驗，讓我以為自己長大後會變成一位工程師，賺很多錢，一點也沒想到，我卻走了一條自己從未想過的路。

在我的求學生涯規畫裡，從未想過要成為一名老師。

我與太太在美國讀書時相識。她早我一年拿到博士。從小立志當老師的她，先回到台灣，順利地找到了雲林科技大學的教職，而我畢業回台灣之後，在兼顧家庭的考量下，也在中部大學找到了教職，成為大學教授，享有高知識份子的名譽，比一般人高的收入。

我在美國受的教育，主要是電機專業的養成。至於如何當老師，從來沒有人教過我。想當然爾，在初執教鞭的前幾年，過去老師怎麼教我，我就怎麼教學生，把電路學、數位邏輯設計的原文書……讀一讀、啃一啃、消化之後，再將那些學科知識用自己的話講給學生聽。那時候的我，天真地以為這就叫「教書」。

此外，大學教授要投入相當多的時間與心力，每天為「胡（服務）、椒（教學）、鹽（演講）」三件事奮鬥。我開始過著收集點數的生活，當委員有兩點、教學得獎有三點、研究論文一篇五點。每天一成不變地做著這些事情，只為通過教師評鑑、為了升教授、為了更高的學術地位、為了薪水。我開始反觀自己的人生，**我的內心升起許多疑問，這些困惑不斷驅使我去思考，究竟當老師的意義與價值在哪裡？**

這一成不變的工作真的要佔滿我生命的下半場嗎？有沒有什麼不是用金錢或論文數可以衡量的價值或人生目標，值得我全力投注的呢？

我感覺到，目前的一切好像已經無法滿足我空乏的心靈。

二〇〇四年，雲科大的一位教授介紹我參加一個佛法的心靈研討班。最初，我因為工作忙碌而感到意興闌珊，但在這位教授不斷關心下，我勉強去上幾堂課。幾堂課下來，我發現，其實佛典傳達的內涵很生活化——看待事情的心態轉變了，結果也就跟著變好了。慢慢的，我接觸到了另一個改變我的教師生涯最重要的課程：「如何當個好老師——關愛教育」。

當我聽到授課的老師說：「做為老師要懷著謙卑的心，走進學生的心；發現學生潛在的美，堅定地指出他生命中美好的特質。」時，我震撼極了。過去，我從未用這種角度看待學生。

因為，在我當學生的記憶中，老師的責任就是指出並糾正學生的錯誤，學生的責任就是把書讀好，符合老師的要求，如今，身為老師的我卻要走進學生的心！回想我投身教職後，才看見最真實的教學現場——原來

我們的成長過程不缺少會說教、講道理的老師，
但更需要的是願意傾聽自己心聲的老師。

學生都和我想的不一樣。班上學生程度良莠不齊，前段用功的學生自然用不著我操心，然而，後段的學生就會呈現殘酷的事實，經常翹課、繳交空白考卷、不在乎考試等現象，似乎不斷地對我控訴：你是個差勁的老師。

我這才驚覺，自己好像不能再用從前自負的態度，認為：我已經講了，我的責任已經盡了，聽不聽得懂是你的責任。

「現在，我有義務想辦法讓你懂，這是我的責任。」不管程度再怎麼差的學生，我都要想辦法去適應他，先給他想要的，配合他的胃口；先拉近彼此的距離，打好關係後，再提出自己真正想要給學生的東西。

雖然「因材施教」這四個字很簡單，但實在不容易啊！我知道，或許那些資質比較差的學生，就是老天爺要讓我用謙卑的心學習的好機會。

原來「關愛」並不是用「教」的！

隔年，雲林科技大學通識中心周文祥主任邀請我參加生命教育的師資培訓。在這個培訓課程中，我學習到了如何確立生命價值觀、生命目標、改善人際關係、愛護地球等概念。從這些學習，對照自己的生命，我獲益良多。我心想，要是我的學生也能學習到這些觀念，該有多好。我迫不及待想投入生命教育的教學。

我滿腔熱忱，想將自己學習的體會與喜悅毫無保留的與學生分享。當時，我一點也沒有想到，這將是痛苦、煎熬與拉拔的開始……

因為沒有教過生命教育，所以，我特別重視課前的準備。明明是星期五的課，星期一時我就會開始思考，每天都在想……開車想、走路想，連晚上睡不著都還在想：要如何引導學生，才能讓課程顯得生動有趣。

教書這麼多年，我從來沒有像這門課一樣，這麼認真謹慎地準備。我滿懷期待，開課的那一天老師與學生相處和樂融融，學生發言踴躍的畫面。

但開學時，同學對於這門課的反應，卻與我的預期完全相反。

有同學直接告訴我：「老師，這門課高中就上過了，大學還要再上喔，而且還是必修，這很無聊欸！」

還有同學說：「老師，這門課是不是要教我們不要自殺，要珍重生命，喔——老師你放心啦，我們沒有那麼笨！」

更有同學幽默地說：「生命教育？這要非常感謝學校，給了我們一堂可以好好補眠的課。」

開學的第一個月，翹課的人比來上課的人還多。教室經常是空蕩蕩的，連我都能聽見自己講話的回音。少數出席的同學，儘管來上課了，可是絕大多數也都露出一副空洞、疲累的眼神。有些人甚至一進教室之後，就趴在桌子上睡著了。剩下沒睡著的同學，多半在玩手機、聽音樂，或是趕別的作業。看到這種情形，我瞬間有種欲哭無淚的感覺。我心想，這可是我教書以來最認真準備的課程啊……

更糟糕的是，想到才開學一個月的課堂學習狀況就這麼糟糕，接下去還得了。我開始動念，或許我應該開始點名，宣誓我的權威，讓同學不敢翹課。說也奇妙，每當這個念頭一冒出來，我馬上就想起這種報復的心態跟我之前所學習的觀念根本是衝突的。

於是我又告訴自己，不行，要忍住。這門課不適合點名。

我強迫自己把心思放在那些有來上課的同學身上，暫時不要注意教室一半以上的空位，裝成若無其事的模樣繼續上課。不過要這樣做談何容易。每次下課時，我都得到走廊調整情緒，看見一旁嬉鬧的同學，我忍不住嘲笑自己：「唉！說要看學生的優點，懷著謙卑的心，說穿了，我這根本就是睜一隻眼、閉一隻眼在逃避。」

因著孩子們給我的諸多考驗，才讓我有機會脫掉這一身老師形象的偽裝，放下身段，赤手赤腳走進他們的世界，與他們的生命真正接近。

有時候我會想：學生翹課是越來越不像話了，作為老師的我，竟然連一點積極作為都沒有！我又開始掙扎，我是不是應該兇一點、嚴厲一點。

然而，我又思索：其實自己完全沒有對他們兇的本錢，一方面我不是雲科大的專任老師，另一方面，學生們對我也沒有信任基礎。更何況，回到開設生命教育課程的宗旨，一旦我隨便對他們發飆了，做出了跟我想傳遞給他們的內容相反的負面示範，這門課我應該也無法再繼續教下去了。

我開始想：如果連身為老師的我都這麼容易因小事而失去理智，我要如何用更高的視角帶領學生思考生命的價值呢？

這樣一想，我下定決心，即使只有一半的學生來上課，我也不應該把點名當作逼學生來上課的手段，我在心中默默為自己打氣：「我要努力讓他們心甘情願的喜歡上這門課。」

然而，心念歸心念，現實歸現實。我的萬般容忍換來的竟是更誇張的行徑。有一天我走進教室，發現班上竟然有三分之二的同學集體翹課了！

走出教室，走進他們的心

我教的是建築系的學生，他們經常熬夜或徹夜不睡趕設計圖、做模型。同時，建築系還有許多傳統，例如：校慶週時，要分組做大型的模型在校園中展覽；還有國片週，他們都要上台演舞台劇。這些活動的準備工作，加上原本就很繁重的課業壓力，逼得他們只得犧牲非專業的通識課。

在校慶當週，我正要走去教室上課，遠遠就看到大草原上有好多同學忙著做校慶展覽的大模型，定神一看，發現「這……這不都是修我的課的建築系學生嗎？」上課鐘響起，他們似乎沒有任何一個人有要進教室上課的意思，我心中當下的反應就是「怎麼又來了？」內心不悅的感覺陣陣升起。

此時，有一位同學從大草原那頭向我這裡跑了過來。我以為她應該是來跟我解釋：稍後他們就會進教室了。我一言不發，靜靜等待那位同學開口。不料，她竟然說：「老師，今天可不可以停課，讓我們繼續做模型？」

當下我期待著上課的心，瞬間立刻烏雲密布。我沒有馬上答應，只無力地回了一句：「你先等我，我去教室看看。」結果不出所料，偌大的教室，只剩下十幾位同學了。

生命教育是何等的重要啊！我心想，何況我花了那麼多時間，做了那麼充分的準備，人都走到教室門口了，竟然要求我停課！就算真的想停課，也該提早告訴我吧！霎時，我覺得內心被狠狠掐住。一方面，我感到既無助又憤怒，另一方面，我聽到心底有個強烈的聲音督促著自己：不要衝動！不要衝動。

時間一分一秒的過去，我拚命思考要用什麼方式處理這個情況……

忽然，在培訓課程聽到的一句話在我腦海裡現起：「學生也有生死的

苦、煩惱的苦，這是一個永恆的、可以原諒別人的理路。」

想到這個之後，之前學習到的思惟一一浮現。

「不要造成師生對立，要一直關心他們、陪伴他們，師生間有了信心之後，再來要求他們。」

想到這些之後，我的心漸漸安定了下來。

第一節課，我在教室陪那些出席的十幾位同學上課。第二節課時，我問教室的同學：「你們的模型做好了嗎？」他們搖搖頭。我說：「走，去大草原！老師陪你們去做模型。」同學爆出歡呼聲，紛紛衝向門口。

從教室到大草原約兩分鐘的路程，我低著頭，一直提醒自己說：「不要生氣，一定要堅持住，要找到孩子潛在的美好特質。」

儘管如此，但老實說，其實當下我的內心是「假假的」。有很多同學跑來跟我抱怨，我根本聽不進去，心裡想著：該抱怨的人應該是我才對吧！

做為一名教師要懷著謙卑的心，走進學生的心；
發現學生潛在的美，堅定地指出他生命中美好的特質。

直到我聽到一位同學說：「我們有些同學做模型已經連續熬夜一個星期了，甚至有人整晚都沒有睡覺，早就已經陣亡了。老師可以看看那些躺在草地上呼呼大睡的人，都是已經陣亡的。」

對啊！同學們犧牲睡眠，想要如期完成大模型，就是為了在校慶時，能讓來參訪的貴賓留下深刻的印象，這對學校而言是很大的榮耀。

仔細想想，這不就是我在課堂中，很想傳遞給他們的「堅持不懈、遇難不退」的精神嗎？他們都做了最好的實現。

換個角度，我也想，如果他們是我的孩子，我應該會很心疼，非常不捨吧！他們可不是熬夜打電動、夜遊、夜唱或者撐著眼皮追劇；而是為了完成美麗的模型啊！

凝視著這些豎立在大草原的巨型模型，我的心中充滿悸動。

我拿起相機，一組一組幫他們拍照，聽他們介紹自己的心血結晶，看到每位學生都露出自信燦爛的笑容，我突然覺得，生命教育的課好像移到了大草原，而他們是講師，我才是真正學習到最多的學生。

角色互換之後，我發現自己更能走進同學的內心。如果照著以前教書的習慣，一定要他們馬上停工回教室上課，甚至發脾氣教訓他們一頓。如果是這樣的話，我內心能傳遞的是什麼？我又能拿什麼感動他們呢？

經歷這次事件，我領悟到：教育是心與心的傳遞，用生命感動生命的歷程。很慶幸，我沒有用無知去造成師生的對立；更感謝，我在既有的教學旅程中，找到了「生命教育」這個努力的新方向。

因為我自己的改變，我發現同學也改變了。漸漸地，出席率甚至高達九成五。我越來越期待每週五生命教育這門課的到來，大家開始喜歡上課，而我也越來越喜歡他們，在他們身上發現越來越多之前沒看到的優點。

同學說：「老師對我們這麼好，不去上課，太對不起老師了。」

甚至有同學還很搞笑地對我說：「老師，您都不知道，我們每一個人都會幫您拉一個同學過來上課，尤其是那些在賴床的，一定要拉過來！」

想對親愛的學生們說的話……

在學期的最後一堂課，各組同學都要上台期末報告。我坐在台下，聽著台上同學報告這學期的心得與成果。沒想到，這時有位同學走到講台前，很感性地對著我說了這段話：「老師，你知道嗎？在我們的成長過程中不缺少會說教、一直說道理的老師，我們真的遇到很多，但我們更需要的是願意傾聽的老師，而你就是願意傾聽的那一位。」在下課前五分鐘，班代也突然離開位子，走到講台前，接過麥克風對我說：「老師，請您過來一下！」

當時，我感到有些疑惑，心想著，這又要做什麼？這個班真的是古里古怪的。但還是很聽話地起身走向前。結果，班代隨即從背後拿出一本冊子交給我，說：「老師，這是全班的心意，謝謝您！」

我接過來一看，天哪，封面是畫得很精緻、很漂亮的圖案，斗大的字寫著：「王朝興老師，謝謝您！」翻開一頁又一頁，全是同學寫給我的感恩小卡片及照片。我抬頭注視著這些陪伴我四個月的孩子，沉默許久，努力壓抑激動而熾烈的心，回想起自己在學期初所遭受的委屈、種種不堪的打擊，到最後同學的轉變。忽然，眼前一片模糊，看不清楚前方，我再也控制不住，眼淚不斷的順著臉頰滑落下來。這時，全班同學高喊：「老師，不要哭、不要哭、不要哭！」我怎能忍得住不哭呢？

親愛的孩子，老師真的好想對你們說聲：「謝謝！」謝謝你們教會我如何當老師，讓我重新找到當老師的價值，學習懷著一顆謙卑的心，走進你們的世界。因此，在學期末時，我寫了一封信送給建築系的同學。

「學期即將結束，老師內心非常不捨。然而天下無不散的筵席，此刻老師要真心感謝班上每位同學，讓我有此機會學習。跟你們相處一學期，

不論怎樣程度的學生，都要想辦法先給他想要的，配合他的胃口，拉近彼此的距離後，再提出真正想要給學生的東西。

老師明瞭你們不是一碰就爛的草莓族，那有什麼水果可以代表你們呢？芭樂？太俗了！芒果？榴槤？這些都不足以代表你們。我想了很久……對了！就是椰子最能代表你們——椰子綠色的外皮代表你們的青春。堅硬的外殼代表你們的毅力。厚厚的纖維是你們細膩的設計思維。潛藏在核心的椰子汁是可以潤澤心靈的泉源，也是生命教育要追尋的寶藏。

學期初，我就站在一棵高高的椰子樹下，仰著頭，望著你們。心想：這麼高的椰子要怎麼才摘得到呢？我大聲地喊，用力地喊。椰子一動也不動。我想：唯一的辦法，只有脫掉偽裝老師形象的皮鞋、西裝，放下身段，赤手赤腳爬上樹。手摸著粗糙但很堅實的椰子樹，才發現當我雙手緊抱樹幹時，正是我的生命與你們的生命最接近的一刻。

我很用力爬，雖然累，但內心充滿喜悅，因為我知道自己正一步一步靠近你們。四個月過去了，好不容易爬上來了，滿頭汗水，抬頭竟發現，每顆椰子都在對我微笑，給我鼓勵。此刻我往下看，發現是你們引導我，一步一步往上爬，我才能到達這個高度，這是值得感恩的一刻！老師誠摯地感謝你們每一位同學給我的支持與鼓勵，真心的謝謝你們！」

曾幾何時，教育現場的課堂變成教授與學生的捉迷藏；曾幾何時，講台與課桌椅之間出現了一道看不見的牆。

有沒有一種師生關係，能夠亦師亦友，相互輝映？

或許有人以為電機與生命教育之間是絕緣體，但我現在正努力想成為電機專業與生命教育之間的半導體。

在生命教育的課堂裡，我想攀過那道牆用生命點亮另一個生命。

當研究生遇上了弟子規

在教授生命教育之前，我就常在想：我指導的研究生，該教給他什麼是一輩子都用得上的？幾經思考，我抉擇了「弟子規」，我要求我指導的碩士生都要背誦弟子規才能畢業，學生心裡納悶，但不敢違背。我希望自己不只是傳遞知識給學生，更能帶給他們一些智慧，幫助他們在往後的生命遇到困難時有依循的方法。

為什麼抉擇弟子規呢？在我大女兒讀幼稚園時，老師要求孩子背誦弟子規，我陪著女兒背誦：弟子規，聖人訓，首孝弟，次謹信，汎愛眾，而親仁……我反覆的念著、念著。欸，等一下，這些文字我怎麼越看越熟悉，似乎以前曾背過？後來，我才憶起，其實早在我讀國中時就背過了。但那時我就是背而已，並不明白老師為什麼要求我們背。

現在長大了，上有父母、下有妻小，工作上還常要與長官、同事往來。再回頭閱讀弟子規，我才察覺到，其中的內涵是多麼深邃、充滿智慧，都是做人做事的道理。

試著將弟子規的道理運用在生活中後，竟然對我產生莫大的幫助！什麼話要講，什麼行為該做？外出、在家時，我又要注意些什麼？漸漸地，弟子規儼然成為我行為的準則。

此時，我想起在實驗室的研究生們，他們都已經二十多歲了，不久後將步入社會，得要具備正確的待人接物的概念才行；他們的年紀也已成熟，足以理解弟子規的內涵。所以我規定我的研究生：每個人在畢業前都要將弟子規背起來。

雖然我這樣規定，但其實我從未當面強迫他們背弟子規，我是讓他們同儕之間互相幫忙，自行安排互相驗收，讓學生背弟子規不會感到很有壓力。實驗室裡僅掛著一幅大海報，就是弟子規海報，現在，背弟子規已經是我的實驗室獨有的文化。

我這個看似另類的想法，最後居然也化為學生生命中重要的養分。

記得，有一年教師節前夕，一位已畢業兩、三年的學生突然捎來一張感謝卡，他寫道：「謝謝老師當年的教導之恩，老師當年教我的專業，我大概都忘記了，也用不上。可是您當年叫我們背的弟子規，我發現，在上

每個人都有生死的苦、煩惱的苦，
這是一個永恆的、可以原諒別人的理路。

班的場合超好用的。」諾大的卡片上他只寫了這段文字。

另一名我指導的學生從彰師大碩士班畢業後，考上成大電機博士班，而我也是他博士論文的口試委員之一。在口試完的兩個月後，他寄了一本他的博士論文給我，算是表達對我的感謝。起初，我不以為意，沒想到翻開論文，這名學生在扉頁上頭寫了一封信：

「學生特別感謝老師當初堅持學生背誦弟子規，弟子規的守則讓學生在做人與生活中維持正道，不致產生偏差……」

我覺得，教學不應該只有電機專業，還須包含待人處事的準則，而我所傳遞給學生的，全來自經典。**對我而言，經典雖蘊藏著古今聖賢的智慧，但就經典文字本身並無法展現經典的美妙，需要透過具體實踐後，才能彰顯其所傳遞的價值。**看到學生們努力將經典落實在生活中的喜悅，我真的很感動，覺得自己的抉擇是對的！

如果當初自己沒有推行弟子規、沒有教授生命教育的話，現在的我對於教育的體會只剩下什麼？教育可能只剩下想方設法把專業知識塞進學生的腦裡，卻與學生當下的生命似乎沒有直接的連結。然而，**人活著就是要產生力量，對人有溫度。**如今，除了電機專業教學，我教生命教育快七年了，變得很喜歡和學生互動，喜歡看著學生，只要是我教過的學生，我都想關心他，幫助他。

就讓我當個幸福的傻子吧！

今年大四的畢業班，我擔任他們導師四年，離校前他們辦了一場畢業餐會。結果在餐會的前三週，我收到消息，臨時有活動不能參加，當我與同學說我不能去時，他們立刻露出失望的表情。我感到很愧疚，決定將他們從大一到大四，我幫他們拍攝的生活照，不論是出遊、班會、上專業課程、導生聚餐等各項活動的照片，親手剪輯成一部影片，片名：「那些年，我們一起追的導生，嘜走（台語）～」。我將所有想要送給他們的祝福，全寫在影片中，請班代在餐會時播放。事後，好多同學紛紛跑來對我說：「我們看了很感動，謝謝老師！」

我只是笑了笑。我沒告訴他們的是，其實那部影片我花了兩、三個星期才完成。或許旁人看到我這樣的行為，會笑我傻，但四年的陪伴，畢業前想祝福他們的心是非常真實的。

知道他們極少人買畢業紀念冊，因為學校的畢業紀念冊雖然很厚一本，但自己班級的頁面只有幾頁而已。因此，我請一位同學重新編輯加照片、設計封面，製作一本專屬他們班的畢業紀念冊，送給他們一人一本。我衷心地希望我的學生將來不管是順遂或困頓，都能記得，曾經有位老師很關心他們、在意他們。我希望幫助我的學生，就像我的老師曾經那樣幫助我。

從前，我很喜歡收集汽車模型，現在我喜歡在生命教育課堂中收集學

生的生命故事。

以前我衡量自己工作的價值是幫助同學找到好工作賺錢；現在則是在既有的基礎上，進化到幫助同學提升生命的品質。

這些轉變，讓我找到教學最真實的快樂。

也許我只是一位平凡的老師，但倘若我說過的任何一句話，所做的任何努力，可以幫助到學生，為他們找到前行的希望與力量，再辛苦也值得。這是我作為一個老師，最大的快樂與回報。

雖然在教學過程中難免會受挫，但因為有學習正確的概念幫助我正向看待逆境，每每穿過暴風雨後，總會看見師生一起成長的喜悅，讓我始終覺得當老師真的太有意義了！

所以，我很想在每一天、每一秒將老師的價值發揮到最大，盡可能影響越來越多的學生。

我的老師曾對我說：「教育是人類升沉的樞紐，而老師是教育的核

教育是人類升沉的樞紐，
而老師正是教育的核心

心。」所以，「老師」這份工作對我而言，不再只是一份職業，更是我一生的志業。這個志業要靠一股傻勁，換來的會是滿滿的幸福。

面對波折，請微笑！跳出倉鼠的生命迴圈
李姿瑢
我們不能預料未來是福是禍，
只要不讓眼睛被淚水模糊，就能在轉角看見彩虹般的轉機！

我不知道大家會怎麼看待這樣一個人：她曾是職場女強人，活在每分每秒都跟壓力賽跑的世界，後來罹患癌症，總計經歷五次化療、三十三次放射線治療，在候診間提心吊膽，看盡人生百態的苦……

這個人，就是我！

我遇見很多類似經歷的病友，有人倉皇，有人悲痛，有人麻木，這些感覺我都曾有過，然而現在，走過這段生死交關的路，我卻開始感謝這場突如其來的病，它是我生命的轉捩點，因為它，我被迫放慢腳步去停看聽。

這場病更讓我覺悟到人生除了不斷努力奮鬥以外，更重要的是：一定要有「正確的」目標。

我，一定要讓爸媽過好日子

我出生於七〇年代，爸媽是學裁縫的，經營一家手工服飾店。爸爸的手藝極好，當年客戶拿錢排隊等著訂製衣服，生意非常紅火。爸爸做事很細膩，要求也高，再加上限時趕工的壓力，情緒上很容易就會爆發。在訂單旺季時，他的地雷特別多，夥計一個程序沒弄對、或是我們在一邊太忘情的玩鬧，都會引爆憤怒的火山，岩漿橫流，誰被噴到都難免遍體鱗傷。

小時候，只要看到爸爸表情不對或一聽到爸爸高分貝的聲音，我們這群小孩就像是聽到防空警報一樣，趕快各自找好掩護的地方，不敢多出聲，就怕掃到颱風尾。

那時沒人料得到，隨著成衣的蓬勃發展，手工行業竟會被淘汰得那麼快。手工服飾沒落後，爸媽轉行做起小生意，輾轉了好幾個地方才慢慢穩定下來，在那段期間，家中風雨飄搖，我常常轉到一個新班級，前後左右同學才剛熟悉，轉眼就又要搬家轉學。

轉行這件事，對爸媽來說是很大的挑戰，原本那雙拿著畫筆設計，最重也不過是拿剪刀針線的手，頓時改成做不習慣的粗活。幾十箱七、八公斤重的貨，他們就這樣搬上扛下，一整天下來，連吃飯時手都在發抖；以往在店裡發號施令當老大的爸爸，現在遇到警察巡邏，也只能低下頭不斷的求情拜託，請警察高抬貴手、不要開紅單，以便保住那微薄收入。

為了養活我們，昔日像獅子般一身傲氣的爸爸，也被現實磨成了一條駝背的老牛。爸媽這些苦我都看在眼裡。從孩提時代我就暗暗告訴自己：等到長大後，一定要功成名就，要讓爸媽過好日子！

紅火的背後，是數不盡的委屈

我出社會後的第一份工作，是在一家上市電子零件代理商任職，擔任採購助理，不論上司交待什麼任務，我都得來者不拒。除了職務內的工作外，別人不願意做的瑣碎事項，比如：買便當、繳電話費等，只要主管開口，我絕對使命必達。我告訴自己：做得愈多就可以學愈多。不但如此，配合度高，我還能得到主管喜愛。我一心一意想快速在公司站穩腳步，奔向成功，不論那些要求合理不合理，我都欣然接受！合理的要求是訓練，不合理的要求是磨練，想跳得比別人還高，就要有能力蹲得比所有人更低不是嗎？**我深信自己的付出，必定會被看見，會結出最美好的果實。**

就這樣，我等來了晉升的機會。當時，我被公司派到深圳分公司去建立內勤團隊。我信心滿滿地到深圳就職上任，第一天上班，分公司的總經為了養育孩子，昔日如獅子般一身傲氣的爸爸，被現實磨成了一條駝背的老牛。
看著爸媽的苦，我暗暗告訴自己：一定要功成名就，讓爸媽過上好日子！

理就給我來了場震撼教育。

我永遠記得，那天是開庫存管理會議，因為居高不下的庫存金額，總經理指著業務經理破口大罵，用最難聽的髒話不斷地咆嘯、拍桌子。戰戰兢兢的我坐在會議室，全身緊繃，一邊壓抑著想要逃跑的心情，一邊又深怕總經理會在氣憤下，失手把菸灰缸朝我這裡砸過來！

有這樣一個脾氣火爆的主管，可想而知我未來的日子有多難過。

這位總經理是個急驚風，只要遇到異常情況，就要求屬下馬上匯報原因、提出解決方案。他總是咄咄逼人地追問：「何時可以處理完？」總經理每天都很早就到公司，只要有異常情況，一進辦公室，連包包都還沒放下，就聽得見總經理大喊：「Emily！」我戰戰兢兢地踏進總經理室，劈頭就聽見他問：「為什麼毛利數字是負的？」如果我沒有比總經理更早發現異常，當下往往只能無言以對。所以我永遠神經緊繃。

總經理無法接受我不在狀況內。他會大發脾氣訓人：「數字異常，你當主管的人都漠不關心？公司請你來吃白食的嗎！妓女站在路邊都知道要用笑來招客，你們乾領薪水不做事，比妓女還不如！」

一早就被修理，連自尊都被踩在地上，我也只能忍下來。

好強的我還想著，只要做到事前預防、充份掌握情況，這樣應該可以讓自己少受折磨吧？但是，每回面對總經理的兇狠臉色，以及高分貝的吼叫：「怎樣？怎樣？你說啊！你說啊！」我立刻腦筋一片空白，原本早已準備好的解釋，立刻就卡在喉嚨，一個字也說不出來。接下來，一頓惡罵狠訓自然在所難免。

只要是總經理想處理的事，不論當時你在吃飯或休假，都必須隨Call隨到，總經理曾經強調，「手機不准關機，除非你在飛機上！」這是強制命令，所有管理人員都必須遵守。

一天又一天，身處在隨時可能會爆炸的地雷環境中，我心中的壓力不斷地累積，不但生理時鐘大亂，吃不下也睡不好。每天早晨走到公司樓下，我就心跳加快呼吸困難。進到辦公室，只要總經理大喊：「Emily！」我就觸電似的，心裡大聲哀嚎：「又怎麼了？」我一點都不想推開總經理辦公室的大門！但，卻只能努力要自己深呼吸，懷著忐忑不安的心，走進那扇門裡面，去迎接心靈受虐的苦刑。

儘管如此，這份工作還是讓我賺到優渥的薪水，在同事眼中，我是老闆眼前的紅人，同時也讓爸媽在親戚間賺足了面子，但沒人知道，一個人在深圳的我天天都失眠，心裡愈來愈不快樂。

無數睡不著的夜晚，我看著窗外的萬家燈火，反覆問自己：「我為什麼要來這個地方？我現在追求的，真的是我想要的嗎？」

這個工作讓我得到光鮮亮麗的外表，看不見的，卻是背後滿肚子的不快樂、無奈及迷惘。

就這樣苦熬了五年，我的忍耐到達極限。我決定辭職回到台灣。

尋找，拋開午夜夢魘的方法

離開這份工作後，我徹底封鎖往事，連之前的同事我都不願意再連絡。我心想，不能改變老闆，就換一個老闆吧。但是，換了老闆就沒事了嗎？顯然並非如此，因為，午夜夢迴時，那段在咆嘯辱罵中熬過的日子，就會像場夢魘般緊跟著我，只要偶然聽到四周冒出吼叫或爭吵，我就如同驚弓之鳥，無限的恐懼和委屈，完全無可抑遏地直接湧上心頭。

我知道這樣下去是不行的。

為此，我到處尋求協助，上過不少心靈課程，也看了不少關於原諒、和解等主題的書籍，但卻都沒有用，我依舊無法解開這個累積多年的糾結。書上的道理我都能看懂，但就是找不到作法，更無法僅靠自己，就淡化這不堪回首的記憶。

我為什麼要來這個地方？我現在追求的，真的是我想要的嗎？

二〇一三年，我在媽媽的鼓勵下參加了一個心靈成長營隊，接收到許多和以往認知不同的想法，營隊結束後，我帶著不妨一試的心，投入心靈提升的學習，也試著把學到的理念，放進生活中實踐。

我在營隊中學習到一個很重要的概念就是：「觀功念恩」。這個觀念，讓我試著換個角度去想：那位讓我痛苦難忍的總經理，有什麼功和恩呢？

第一次練習時，只要一回想起過去的情景，我立刻就自動關閉畫面，拒絕再想、拒絕面對！失敗來得很迅速，但很多人的成功經驗，讓我很羨慕，不服輸的我，決定想再試試。

第二次再來，心裡浮現的依舊是：我只是他踩在腳底往上爬的墊腳石……那一字一句的羞辱，對我的傷害，我沒有告他要求心靈賠償就不錯了，哪裡找得出什麼功和恩？

因為持續學習，有機會聽到很多人的學習分享，所謂**他山之石，可以**

攻錯。這些分享，非常有助於拓展我自己狹隘的視野，用寬廣的角度去看待事情。

就這樣，一次次不斷的失敗與練習之後，我漸漸能體會，總經理身在高位，必須承受分公司經營的成敗，還有數十個家庭仰賴公司為生的壓力，換成我是他，說不定會比他更火爆、更可怕——憑良心講，那幾年在他的嚴峻要求下，是我成長最多的時光，因為總經理的嚴格、注重時效，所以養成我做事快速又有效率的習慣，我的應變能力也變得更強，同時，我更是集團內第一個升遷還連跳兩等的員工，還拿到年度最佳優秀員工獎！而且我也在這位總經理的支持下，順利的從內勤職務轉換跑道做業務工作，即便我沒有相關電子技術背景，總經理依然力挺且很體貼的幫我選了一個門檻比較低的產品，讓我入門，我的職涯才有機會打開另一扇門。

更何況，經過這段洗禮，我相信，再也沒有什麼樣的主管是我相處不來的了。

隨著見解的改變，我的心結逐漸鬆動，我發現自己開始願意和之前同事互動了。

隨著這樣的互動，我從之前同事口中得知，當時分公司總經理已經因病退休了。我聽到後很驚訝，心中第一個反應竟然是：原來我心中那個無敵鐵金剛也會倒下來！

繼而，心中浮起的不是幸災樂禍或漠不關心，居然是感謝：感謝他在拚命工作之餘，還願意花時間提攜我、教導我。

於是，離職後第四年，我鼓起勇氣，忐忑不安地找到了總經理的臉書，看著「加朋友」三個字，我遲疑了很久、很久。不美好的回憶再次湧上，我彷彿又重新回到了人生最難堪的時光……

但這次我沒有輸。我按下交友鍵，戰勝了心裡那個驚慌失措的 Emily。

按下交友鍵之後，看著臉書上的照片，嚇了我一大跳！心想，這個骨瘦如柴、孱弱、臉色蒼白的人，真的是「那個總經理」嗎？記憶中那個板著臉，百般挑剔，威嚴如山不可逾越的人，原來早就在病痛的磨礪中，徹底變了模樣。

暌違許久，我第一次在非公事的情況下寫私訊給遷居到加拿大的總經理，為了送上遲到很久的感謝。

相比我的遲疑，總經理的訊息反而回得很快。出乎意料的，當年的鐵漢並非只是淡漠、客氣。從他簡潔卻慎重的回訊裡，我能感受到他的詫異、驚喜。很顯然，總經理對於多年後還能收到我的問候，同樣深感意外。往來持續的問候中，他除了關心我在職場上的發展，更殷殷叮囑我：「Emily，不要只在乎工作，自己的人生大事也要多留意，青春可不要就這樣虛度。」

Emily，這個音節，從此在我的回憶裡，終於不再只是咆哮，不再僅僅代表噩運降臨，當年鋼強鐵漢的總經理，原來也有長者般的溫暖柔情，如果不要貪戀，其實也就沒有什麼可憂惱的事；如果不執著於擁有，生病還會那麼可怕嗎？只要還活著、只要不放棄，難道還怕找不到出路嗎？

只是心懷怨懟的我，過去一直沒有機會看到。

在那一刻，多年來壓在我心上的石頭不見了。往後與總經理的互動中，我不再像老鼠遇到貓的小可憐，反而有任何問題都能向他求教。從此，我的生命中，多了一個良師。

舌癌，帶給我更多的愛

殊料，人生的挑戰像海浪一樣，一波剛平一波又起，原本還沉浸在過往心結鬆綁的喜悅中，我又迎來另一個很特別的挑戰。

我得了癌症。

最初，只是口腔裡一個小小潰瘍，當時剛好在進行補牙的療程，我不以為意，繼續著忙碌的生活安排。不料，漸漸的，小潰瘍面積擴大，等我出差返回，已連吞嚥都困難。再去補牙時，牙醫告訴我：「這情況不對勁，妳要快點去檢查。」

二〇一六年九月，我做了口腔切片檢查，確診舌癌。

「可能需要切除三分之一到二分之一的舌頭。」醫生這麼告訴我。聽完病情說明，我腦袋一片空白，職場上快狠準的決策力完全停擺，思考斷電，瞬間中止。

我遲疑：「能讓我再考慮一下嗎？」醫生看著我，搖頭宣判，「不能再拖了，趕快安排住院作手術吧。」

失措地走出看診間，我茫然看著候診室裡的許多病患，他們都與我掛同診，他們大部份的臉上，都有或大或小的縫補線，也有人連臉型都出現殘缺而不再完整。

我才驚覺，除了最重要的說話功能外，我還可能會失去一張完整的臉！

我的世界，由彩色瞬間變成黑白。

我把所有情緒冰凍起來，漠然地把心思放在安排工作的交接上，我做的看似是非常負責任的行為，但其實背後完全是種鴕鳥心態，我只是不願意去面對依附在我身上，那些如影隨形的深層恐懼和無奈。

一直陷在恐懼中的我，就像隻熱鍋上的螞蟻，每天既茫然又害怕，倉皇無比的心，無處可以安放，直到有一天在讀書會中，聽到我的老師**日常老和尚說了這麼一句話：「如果不要貪戀，其實也就沒有什麼可憂惱。」**平常聽來很普通的一句話，那時卻像當頭棒喝敲醒了我，霎時，我所有壓抑的情緒都湧上心頭，熱淚盈眶。

對啊！我在怕什麼？還不是怕著生活的轉變、怕失去嗎？

但如果我不執著於「擁有」，事情還會那麼可怕嗎？

很多人沒手、沒腳，為何他們還是可以活得很快樂？

如果我真的失去了說話能力，還能用手、用表情、用文字去傳達吧，只要能活著、只要不放棄，難道還怕找不到出路嗎？

自從這個念頭開始萌芽後，我變得更加積極。這段期間，讀書會就像是我專屬的加油站，讀書會的班長對待我猶如親人，在得知我的病情後，不停幫忙打聽醫師、了解醫療資源等等，這樣的情誼，我感動在心。我只不過是她眾多班員之一而已，但她卻願意在百忙中代為奔走、安排，她是我重要的精神支柱。

讀書會的同學們，則不斷的給我鼓勵，幫我集氣，每次聚會後都有無數的擁抱、Line上關懷打氣的字句一湧而上，這些關愛與打氣，多到可以編成一本厚厚的書，甚至在我進手術房之前，還有同學到病房來給我最直接的祝福，送我進手術室的親友群，多到讓護士忍不住打趣的問我：「你是做哪一行的啊？這是我看過陣容最龐大的啦啦隊了！」

在這些點點滴滴的溫暖包圍下，我勇敢跨出了治療的第一步。

開刀醒來，發現傷口在脖子下方，我偷偷鬆了口氣——慶幸我的臉還完整。但沒想到，出院前醫師慎重叮囑，我是確診四期的癌症患者，為了

走過這段生死交關之路，我開始感謝這場突如其來的病，
因為它，我被迫放慢腳步去停看聽。

預防癌細胞復發，需要做化療和放射線治療。此刻，我心裡不禁出現一個掉光頭髮、骨瘦如柴又虛弱的自己……無助的徬徨和擔憂，再次湧上心頭，烏雲籠罩。

我的心情十分低落。那時的我，舌頭的傷口還在復原中，講話很不清楚，溝通不良的情況屢屢發生，令我非常懊惱，難以適應；因為手術，我只能吃泥狀或流質食物，我深刻的感覺，自己距離正常人愈來愈遠了！每天，我只要聽到食物調理機打碎食物的聲音，就開始反胃、開始不由自主想乾嘔，一天三餐對一般人來說是多美好的時光？但對我來說，卻是一種身心的雙重折磨。

我開始封閉自己，關在房間內的時間愈來愈長，可是，我身邊那些曾為我帶來溫暖希望的人，一直沒有放棄。

這時，有個同學來探望，給我說了一個故事：

很久以前，有個大臣不小心把國王的愛犬給弄傷，國王大為憤怒，

把這位大臣的小指給砍斷，大臣內心雖然憤恨不平，但也無可奈何。沒多久，這國家與鄰國交戰，所有大臣全都成為戰俘，鄰國決定要從戰俘中找一個最圓滿的人來祭天，選中了這個斷指的大臣。就在要砍頭的那一剎那，行刑者突然發現，這個大臣少了小指！鄰國因而放過這位大臣了。大臣頓時五味雜陳，不由得感謝當初國王讓他成為略有殘缺的人，才得以在這緊急時刻保住一條命。

聽完這故事，一個頓悟的火花忽然在我心裡迸出——人生中的每個事件都有它的意義，在它發生的時候，我們並不知道它即將帶來什麼、更不能預料未來是福是禍；但我們至少可以停止當下的懊惱、哭泣、埋怨，只要不讓眼睛被淚水模糊，也許，我們就會在轉角清楚地看見彩虹般的轉機！

生病的人，最怕的就是封閉而陰鬱的心情，最怕的是心裡比身體還要先撐不下去，在過程中，往往是我們的心先放棄了。我想，要不是生命中曾遭逢這麼多貴人，我得以與他們一起學習成長，接受開導；要不是當我最徬徨無助時，有最強大的心靈不斷鼓舞我，給我積極支撐的勇氣，很難想像我會如何度過？

在為期六週的放射線治療過程中，我吞嚥困難，且食不知味，頸部更因為放療而焦黑成一片，同時出現緊繃感。**我遭受著大多數人一輩子都不曾感受的辛苦，但是我的心反而告訴我，正因如此，所以我必須比一般人更平靜、更定下心來面對。我想起老師曾說：「當你眼中不只有自己，而學會關注別人的苦時，你自己的苦就會在不知不覺中淡化。」**所以，我每次前去治療，遇見其他病友們，往往是愁眉苦臉、了無生氣的神情，我完全能理解那種苦，因此更想把自己曾接收過的祝福，也分享給他們！我開始去關心他們，吃得好嗎？睡得如何？相互握著對方的手，約定好了，彼此都不放棄，一定、一定要打贏這場仗……

也因為這樣，後來每次回診就像是跟一群很有默契的好朋友聚會似的，心頭也就不再那麼苦悶了。

我漸漸發現，自己之所以能夠不繼續怨天尤人，沒把自己推進：「為什麼是我」的死循環之中，就是因為在人生路的學習中，仰望到無限生命的可能。

我的身體遭遇苦楚，心靈反而從繁忙人生中暫停下來，得到療癒重生的機會；我很渺小，卻明白生命之光可以煥發出無比的珍貴。

記得我的老師曾說：「現在不好是過去的因造成的，如果現在能種善因，未來一定會有好結果。」與其現在不斷抱怨、詛咒，何不轉個念頭去感恩？當一個人心裡充滿感謝時，一定比起充滿怨恨的人更具有轉病為安的力量。

這個病讓我知道了：不用去計較現在會失去什麼、或無法擁有什麼，應該在乎的是：怎麼讓我這一生的CP值最大化。

生病的人，最怕的就是封閉而陰鬱的心情，
往往是我們的心比身體還要先撐不下去。

波折，教會我的事……

有人說：癌症跟心情、壓力有關！是的，靜下心自我反省，過去的我確實是只顧著追求名利，長時間處在緊張壓力下，漠視自己的情緒，強迫壓抑自己的心。心病了，身體同時做出反應，也就跟著病如山倒了。其實，回想過去對我來說壓力極大的那些往事，我才發現當每個人用不同的心態去面對時，就會得到完全不同的結果。同樣的事，有人可以一笑置之，但有些人就像當初的我一樣，情緒反覆卡關，陷入無限沉重的迴圈。

就以總經理的事件來說，回想起來，他對所有人其實都一樣兇，但我的反應以及受到的傷害卻最大最深。我慢慢察覺到，原來那是來自於我童年時期，對於父親火爆脾氣的無意識投射，以至於當我面對那些怒罵時，心理狀態完全回到無能為力的孩童期，惶惶不知所措。我無法動腦筋思考、更沒辦法靈活紓壓，只會在事後要求自己一定要做得更好、最終帶給自己更多不必要的沉重壓力。

當時的我沒有看出自己的情緒應對方式已經錯了，卻把所有責任全怪罪給別人，從沒想過，「自己對每件事直覺的反應都正確嗎？」實際上，是我這隻不斷在滾輪中奔跑的倉鼠，看事情的角度太過狹隘，結果受害、受苦的還是自己。

在這段波折起伏的人生，嚐過各種情緒的學習過程中，讓我看清楚了，人生真正應該追求的是什麼，也讓自己的生命跳脫迴圈，找到正確的出口。**兜了這麼一個大圈子，我才幡然覺悟，原來生命的美好和快樂，不是我擁有多少財富、頭銜，而是獲得心靈的寧靜與富足**。在我本以為舌癌會讓我失去語言能力時，我曾暗暗下定決心，如果未來我還能說話，我一定要常說好話，更要竭盡所能告訴大家：最大的快樂，不是來自物質而是心靈；最美好的人生，不是利己而是利他；最幸福的人，那就是學會感恩！

謝謝你耐心讀完我的故事，現在的我，已不再是那一頭只懂得盲目兜圈的倉鼠，我走出了那個圈圈，即使後來狠狠的跌倒過，身上多出不會完全恢復如初的傷痕，但現在，我的心擁有從未有過的平靜。

還有多少人，此刻仍在侷限住自己的狹隘圈圈裡奔跑著呢？是否跑累了，對這種日復一日沒有盡頭的疲憊有點疑惑？

希望我的故事能變成一雙安穩又堅定的手，無論是一個人或是兩個人，只要有人願意暫時停下來，伸出手，嘗試走出那個困住自己的滾輪牢籠……

或許你眼中所見的世界，從此海闊天空。

祝福大家。

當冬日來臨，我聽見花開的聲音

亮點 001

作　　者　福智文化編輯室
責任編輯　廖育欣、廖育君
文字協力　洪琳惠
美術設計　王瓊玉
插畫設計　劉曼萱
排　　版　游淑萍
印　　刷　富喬印刷事業股份有限公司

出 版 者　福智文化股份有限公司
地　　址　105407臺北市松山區八德路三段212號9樓
電　　話　(02) 2577-0637
客服Email　serve@bwpublish.com
法律顧問　王子文律師
總 經 銷　時報文化出版企業股份有限公司
地　　址　333019桃園市龜山區萬壽路二段351號
電　　話　(02)23066600 轉 2111
出版日期　2022年5月　二版一刷
定　　價　新台幣 300 元
I S B N　978-626-95909-1-9

國家圖書館出版品預行編目(CIP)資料

當冬日來臨，我聽見花開的聲音／福智文化編輯室作. －二版. －臺北市：福智文化股份有限公司，2022.05

面；　公分. －（亮點；1）

ISBN 978-626-95909-1-9（平裝）

1.CST: 生命教育　2.CST: 通俗作品

528.59　　111005800